MISCELLANÉES

2ᵉ Série

PIÈCES HISTORIQUES ET LITTÉRAIRES

RECUEILLIES ET PUBLIÉES

PAR

PLUSIEURS BIBLIOPHILES

ROUEN

IMPRIMERIE DE HENRY BOISSEL

M.D.CCC.LXXXI.

TABLE DES MATIÈRÉS.

1. — Entrée du duc de Joyeuse à Rouen, 1583, publiée par Ch. de Beaurépairé.

2. — Statuts et Règlements concernant l'instruction publique en Normandie, reproduction de (trois) documents rares ou inédits : 1o Statuts du Collège de Verneuil; 2ᵉ Statuts des Ecoles du diocèse de Rouen ; 3º Statuts et Règlements pour la communauté des Maistres écrivains jurez..... de Rouen, publiés par Ch. de Beaurepaire.

3. — Le Normand sourd, aveugle et muet, ensemble un Dialogue entre Jean qui sait tout et Thibaut le natier, 1617, publié par Ch. de Beaurepaire.

4. — Mémoire du sieur de Civille aux juges de la Chambre des Comptes de Paris, 1618, publié par F. de Civille.

5. — La défaite de sept navires anglois sur les côtes du Cotentin en 1628, publiée par Ch. Lormier.

6. — Description du lieu de Sᵗ Brice près de la Bouille au bas Caumont, publiée par Ch. Lormier.

7. — La Métamorphose des Nymphes des bois d'Acquigny en truites saumonées, par N. Piedevant, publiée par Ch. Lormier.

8. — Poésie latine de François Linant.... sur la réparation des
désastres de la Cathédrale après l'ouragan de 1683, publiée
par F. Bouquet.
9. — Poésies et inscriptions latines sur la Bibliothèque du chapitre
de Rouen et le chanoine de la Fosse, par François Linant
et autres, publiées par F. Bouquet.
10. — Lettres de deux paysans normands sur la guerre de succession
d'Espagne, en langage purin, publiées par J. Félix.
11. — Translation dans l'église Saint-Maclou de Rouen des reliques
de saint Verecond, le 31 août 1738, publiée par C. Legros.

ROUEN. — IMP. H. BOISSEL.

ENTRÉE DU DUC DE JOYEUSE

A ROUEN, EN 1583,

PRÉCÉDÉE D'UNE INTRODUCTION

PAR

CHARLES DE ROBILLARD DE BEAUREPAIRE

ROUEN

IMPRIMERIE DE HENRY BOISSEL

M.D.CCC.LXXXI.

INTRODUCTION.

Anne, duc de Joyeuse, était le fils aîné de Guillaume, deuxième
du nom, vicomte de Joyeuse, maréchal de France, et de Marie
de Balarnay.

Ce fut un des personnages les plus en faveur sous le règne de
Henri III. Ce prince, qui ne comptait pour rien l'opinion
publique quand il s'agissait de pourvoir ses favoris, le fit duc et
pair avec prééminence sur tous ceux qui étaient antérieurement
parvenus à cette haute dignité, août 1581 ; — amiral de France,
en remplacement du duc de Mayenne, 1er juin 1582 ; — chevalier de l'ordre du Saint Esprit, 31 décembre de la même année ;
— premier gentilhomme de sa chambre en 1586. Mais ce par
quoi il l'éleva surtout au-dessus des autres seigneurs de sa
cour, ce fut en lui faisant épouser, le 24 septembre 1581,
Marguerite de Lorraine, sœur puînée de la Reine (1). Les noces

(1) Anselme, *Histoire généalogique*, t. VII, p. 886.

furent célébrées à Paris avec une magnificence scandaleuse : elles ne coûtèrent pas moins de douze cent mille écus, « chose insupportable en tout temps, mais qui, ainsi que le remarque justement Le Laboureur, dans ses additions aux *Mémoires de Castelnau*, n'a point de nom sous un règne malheureux et partagé en deux partis toujours en armes et prêts à s'entre-deffaire (1). »

Le même auteur pourtant ne se montre pas trop sévère dans le jugement qu'il porte sur ce favori. Il reconnaît « qu'il avoit toutes les parties d'un parfait courtisan; qu'il estoit généreux et plus porté à la vraye grandeur qu'à l'amas des biens, qu'il ne recevoit que pour les répandre avec profusion (2) ».

Le duc de Joyeuse, c'est par ce fait qu'il nous intéresse spécialement, fut nommé au gouvernement de Normandie le 28 mars 1583. Il fit son entrée à Rouen le 23 avril de la même année, avec le cérémonial d'usage, si ce n'est qu'on lui proposa l'honneur du dais et du *poële*, honneur autrefois réservé au Roi, et que la ville s'était fait un devoir de ne point accorder à Louis XII, quand il n'était que gouverneur de Normandie et duc d'Orléans (3).

Si l'on en croit de Thou, à la mort du duc de Bouillon, ce gouvernement avait été partagé entre quatre lieutenants de Roi. Le premier soin du duc de Joyeuse fut de réu-

(1) *Les Mémoires de Castelnau*, éd. de 1659, t. ii, p. 57.
(2) *Ibidem*.
(3) Voir la Notice publiée par M. Ch. Richard.

nir en sa personne les quatre portions, en s'en faisant vendre
les titres par les gouverneurs, qui devinrent ses lieutenants. Il
racheta d'eux, et aussi de quelques gouverneurs particuliers, les
gouvernements des places les plus importantes et les donna à ses
créatures. C'est ainsi qu'il donna Dieppe et Arques à Aymar de
Chastes, le Havre-de-Grâce à André de Brancarts de Villártz,
Coutances à François Do, Caen à Gaspard Pelet de la Verune (1).

Dans un mémoire écrit de sa main, Groulart parle en ces termes
de ce changement : « Après la mort de M. de Buillon, l'an 1573,
les sieurs de Carrouges, de la Mailleraye et de Matignon, de
lieutenans généraus, furent faits gouverneurs en certains bailliages, ce qui n'avoit esté observé auparavant ; car tousjours et le
gouvernement et la lieutenance estoient pour toute la Normandie ;
et fist, en l'an 1575, M. de Carrouges son lieutenant général au
gouvernement des bailliages de Rouen et Evreus le sieur de
Grainville, son gendre.

Depuis, en l'an 1583, en mars, le roy Henry 3ᵉ remist les gou-
vernemens en ung, et en fist gouverneur M. de Joyeuse, son
beau-frère, et ses lieutenans les sieurs de Carrouges et de la
Mailleraye, qui vendirent leur honneur par de l'argent, recevant
chacun d'eus 20,000 escus, et se contentans d'estre lieutenans
généraus (2). »

(1) De Thou, *Hist. univ.*, éd. de la Haye, 1740, t. VI, p. 303.

(2) Bibl. de Rouen, manuscrit $\frac{y}{202}$. Le but de Groulart dans ce
Mémoire est d'établir que le gouvernement de Normandie est dû au
dauphin.

Quelle que fût l'importance de son gouvernement, le duc de Joyeuse était trop bon courtisan pour s'éloigner longtemps de la cour et se résigner à la vie de province. Il vint rarement à Rouen, et n'y fit jamais qu'un court séjour. On l'y voit, le 1er juin 1585, présider une assemblée générale des ecclésiastiques, des nobles et des principaux bourgeois. Les fenêtres de la salle avaient été enlevées afin que le peuple, qui se pressait en foule dans la cour, pût le voir et l'entendre. Il venait rassurer les Rouennais, auxquels on avait fait craindre des mesures de rigueur de la part de l'autorité royale, en leur déclarant que ni le Roi, ni lui, n'avaient pensé à leur imposer des garnisons, et qu'on n'avait jamais mis en doute leur fidélité. Le duc était logé chez M. Romé de Fresquiennes, dans cet hôtel de la rue des Carmes qui devint plus tard le Palais de la Chambre des Comptes. Ce fut là que deux des messieurs du Bureau et deux quarteniers de la ville se présentèrent pour lui faire la révérence (1).

On sait que le duc de Joyeuse fut aussi malheureux qu'imprudent dans le combat qu'il engagea à Coutras contre le roi de Navarre. Il y fut complètement défait et y perdit la vie le 20 octobre 1587.

Henri III témoigna l'affection qu'il portait à son beau-frère en lui faisant faire à Paris des obsèques magnifiques, et en prescrivant les mêmes cérémonies dans les principales villes du royaume, à Rouen notamment. De Thou fait observer que ces pompes inusitées en pareille circonstance, eurent pour effet, à Paris,

(1) Archives de la ville de Rouen. Registre des délibérations.

d'augmenter la haine que le peuple avait conçue contre le Roi, et qu'on fut indigné de la dépense immense qu'elles occasionnèrent (1). A Rouen, leur effet le plus clair fut de brouiller pour un temps les chanoines avec le Parlement et avec les échevins. Un autel avait été dressé devant la porte du chœur, comme cela avait eu lieu aux obsèques du Grand Sénéchal. Le Parlement réclama pour ses membres toutes les chaires du chœur, et prétendit ne laisser aux chanoines que six ou sept chaires de chaque côté. Ceux-ci trouvèrent que la part qu'on leur faisait, dans leur propre église, était trop faible, et intéressèrent à leur cause les cardinaux de Bourbon et de Vendôme qui réussirent à leur obtenir dix-huit chaires hautes vers l'autel. Quant aux échevins qui avaient été chargés de la dépense, ils réclamèrent et finirent par se faire rendre les pièces de drap et de velours qui avaient été employées dans la décoration de l'église (2).

Le duc de Joyeuse avait plusieurs frères dont deux furent bien connus à Rouen. L'un était François, cardinal de Joyeuse, archevêque de Narbonne, plus tard archevêque de Rouen, qui mourut en 1614, après avoir fondé dans cette ville un séminaire qui porta son nom.

L'autre était Henri de Joyeuse, comte du Bouchage, puis duc de Joyeuse, pair et maréchal de France, qui, devenu veuf, se fit capucin, sous le nom de père Ange, le 4 septembre 1587, et

(1) *Histoire universelle*, t. **vii**, p. 177.
(2) Archives de la Seine-Inférieure, *Délibérations capitulaires.* Ordre des séances à la cérémonie du service, 8 mars 1588.

mourut le 20 septembre 1608. Il avait prêché, à la cathédrale de Rouen, le carême de 1603 (1).

Les pièces que nous publions sont extraites du registre A. 20 des Archives de la ville de Rouen.

(1) Le 13 juillet 1603, le Chapitre envoie saluer le P. Ange, capucin, dit sieur de Joyeuse, et lui fait offrir la distribution pour le carême. (Archives de la Seine-Inférieure, *Délibérations capitulaires.*) Le prédicateur du carême était désigné et payé par l'archevêque.

ENTRÉE DV DVC DE JOYEVSE

A ROVEN,

25 Mars 1583.

Du xie de mars m. v^c iiii^xx & troys, en l'affemblée des xxiiii du Confeil de la ville tenue en l'hoftel commun d'icelle par Me Jehan Bigot, efcuier, confeiller du Roy, & lieutenant particulier au bailliage de Rouen, pour advifer fur les articles cy-aprez :

Ce qui eft à faire fur l'advertiffement faiƈt à la ville, par le s^r de Beaumont & autres, de la venue de Mgr le duc de Joyeufe, admiral de France, que l'on diƈt eftre envoyé par le Roy pour eftre gouverneur & lieutenant général pour fa Ma^té en ce pais de Normandie, & s'il eft befoing en avoir lettres du Roy pour ceft effeƈt ;

Si en la réception du dit feigneur on luy baillera poefle, & de quelle matière & coulleur ;

Si on lui préfentera une chambre hors la porte par où il doibt entrer ;

1.

Si on fera tendre les rues, & par qui fe fera le comman-
ment de les tendre, & fi on doibt appeler le clergé pour
réfoudre de ceft effeét ;

Ce qu'on luy doibt préfenter au nom de la ville, & jufques à quelle fomme.

Il a efté advifé que en toute diligence feront recouvertz
les comptes qui font en cefte maifon des fraiz & préparatifz
qui furent faiétz à l'entrée de feu Mʳ le duc de Buillon, &
d'abondant les rues tendues. Le clergé fera adverty, lorfque
la ville aura eu advertiffement de fa venue. Pour le faiét du
préfent, luy fera faiét en vaiffelle d'argent jufques à 5 ou
6oo efcus, mefmes pour le vin. Auffi fera efcript au dit
sʳ de Beaumont de la coulleur qu'il fera advifé par MM. du
Bureau pour le poefle qui fera porté par les quarteniers,
mefmes de s'informer foubz main de la venue au certain
du dit sʳ duc de Joyeufe, & s'il y a pas lettres du Roy à
cefte fin, & que l'on fe paffera luy bailler une chambre ou
logis hors la porte, aétendu qu'il n'a efté faiét aux autres
gouverneurs.

Meffⁱˢ Laillet, procureur du Roy en bailliage. Halley,
Daclainville, Du Four, Reftout, confeillers modernes. Pa-
pillon, Pavyot, Roque, Bigot, Voifin, Houdemare, Du
Four, anciens confeillers. Poullain, Ango, De la Haye,
penfionnaires. Lhermitte, procureur de la ville.

Et le lundi, xiiiⁱᵉ mars m. vᶜ iiiⁱˣˣ iii, ont efté apportées
à MM. de lad. ville lettres clofes du Roy cy-après, la copie

defquelles a efté portée par led. procureur en chappitre
(&, pour fon antiquité, monf^r le   a prins charge les
porter).

De par le Roy.

.Très chers & bien amez, Nous avons pourveu notre
très cher & amé beau frère le duc de Joyeufe, admiral de
France, du gouvernement de tout notre pais & duché de
Normandie, & luy en avons fait expédier noz lettres de
pouvoir, lefquelles il yra luy-mefmes bien toft préfenter à
notre court de parlement dudit pais pour les vériffier, &
fuivant icelles le recepvoir & inftaller audit goûvernemênt,
dont nous avons bien voullu vous advertir & vous dire &
prier de luy faire tout l'honneur & traiétement qui eft
accouftumé d'eftre faiét aux gouverneurs dud. pais, quand
ilz en vont prendre la poffeffion; & ce fera chofe que nous
aurons très agreable. Donné à Paris le viiime jour de mars
mil v^c iiii^{xx} iii. Signé : Henry; & plus bas : Pinart; & à
la fuperfcription eft efcript : A noz très chers & bien amez
les efchevins, manans & habitans de notre bonne ville de
Rouen.

Du xxime jour de mars m. v^c iiii^{xx} troys, en l'affemblée
des 24 du Confeil, tenue par Me Jehan Bigot, efcuier, lieutenant particullier du dit bailliage, pour communicquer
les lettres du Roy cy-deffus efcriptes à la ville pour la
venue de monfieur le duc de Joyeufe, pair & admiral de

France, pour eftre gouverneur & lieutenant général en cefte province de Normandie;

En autre inftance, fur la requefte préfentée à la court par les juges & officiers de l'admiraulté, pour l'ordre qu'ilz prétendent tenir à la venue dudict feigneur :

Lecture faicte defd. lettres clofes du Roy, mefmes d'autres lettres miffives efcriptes à la ville par ledit sr de Beaumont des xii & xvimes du préfent, ont efté exhortez les 24 du Confeil d'y vouloir affifter en habit décent & en houffe, & fars ferviteurs, finon à pied, & remiz à MM. du Bureau pour mander & faire femondre bon nombre de notables bourgeois pour les accompagner & en houffe.

Et fera préparé une chambre hors la porte pour recevoir ledit feigneur, fuivant l'advertiffement dud. sr de Beaumont, néaulmoins la réfolution de l'affemblée dernière.

Ledit sr Halley a remonftré qu'ilz avoient efcript audit sr de Beaumont, pour le préfent qu'il convenoit faire audit feigneur, que s'il couftoit davantage de quelque cent cinquante ou deux cens efcuz, que ce qui avoit efté arrefté en l'affemblée dernière, il ne feift dificulté l'achapter, dont il advertiffoit la compagnye, à quoy n'y a eu aucun contredifant.

Sur le deuxième article, il a efté advifé que l'on montrera les arrefts de la cour & entre autres celluy du iiie de fév. m. vc xxx iiij, par lefquelz la ville a toujours incedé la première que lefd. juges & officiers de l'admiraulté.

Et le xxve dudit mois de mars ou dit an, au matin, ont
esté aportez par la poste les lettres du Roy cy-aprez.

De par le Roy.

Très chers & bien amez, s'en allant notre très cher &
très amé beau frère le duc de Joyeuse, pair & admiral de
France, prendre possession & faire son entrée & progrez
en son gouvernement de notre pays & duché de Norman-
dye, duquel nous luy avons donné la charge & pouvoir,
après l'avoir réuny & remys en ung, comme il estoit cy-
devant, nous l'avons bien voullu accompagner de la présente, pour vous dire, mander & ordonner, comme nous
faisons, très expressément, que vous ayez à recevoir notre
dict beau frère en votre ville, luy faire & donner entrée
en icelle & luy rendre l'honneur, recongnoissance & obéissance qui luy est deue & appartient suivant le pouvoir
qu'il a de nous, sa qualité & considération de sa personne,
avec asseurance que nous aurons fort agréable ce que luy
ferez & départirez de favorable respec, & comme sy c'estoit
à nous mesmes. Sy n'y faictes faulte. Car tel est notre plaisir.
Donné à Paris, le xxiiie jour de mars mil cinq cens quatre
vingts troys. Signé: Henry; & plus bas: Pinart; & à la
superscription est escript: A noz très chers & bien amez les
conseillers & eschevins manans & habitans de notre ville de
Rouen.

Pour l'Entrée de Monfeigneur de Joyeufe.

Le jeudy xxiiij⁰ jour de mars mil v⁰ iiii^xx iii, fur les troys heures après difner, hault et puiffant feigneur Mg^r. le duc de Joyeufe, pair & admiral de France, beau frère du Roy, gouverneur & lieutenant général pour fa ma^té en Normandie, vint coucher au bourg de Derneftal, en intencion de faire le lendemain fon entrée en cefte ville de Rouen; & furent envoyez le recevoir, jufques audit bourg, deux des efchevins modernes, accompaignez de quatre des anciens confeillers de la d. ville, qui voyant entrer led. feigneur audit bourg defcendirent à pied & luy tefmoignèrent le contentement que la ville & tout le pays en général avoit de fe veoir fubmys à fon gouvernement.

Le vendredy jour enfuivant, xxv⁰ dud. moys & an, fur les trois heures de rellevée, entra ledit feigneur en la ville, accompaigné de MM. les grand prieur de Thoulouze & Saint-Didier, fes frères, les feigneurs de Carrouges, lieutenant général du Roy en l'abfence dudit feigneur, le conte de Thorigny de Grandprey, le s^r de Grainville, de Pierrecourt, vice-admiral, de Clère, d'Efneval, de Bréaulté, de Larchamp, de Sagonne & plufieurs autres feigneurs & gentils hommes, tant de ce païs que d'ailleurs; et entra ledit feigneur par la porte St-Hilaire, d'autant que les eaues eftoient trop grandes pour paffer par la porte Martainville;

& furent au devant de luy jufques hors la porte les preftres
& chappelains des parroiffes, veftus de furplis & les quatre
Religions mandiennes jufques en la maifon cy-après men-
tionnée,

Partirent, à aller au devant dudit feigneur, de l'hoftel
commun de lad. ville, MM. le lieutenant général, procureur
du Roy en l'ordinaire, les efchevins fuivis des 24 du Confeil & officiers de la ville & cent des plus apparentz bourgeois d'icelle, femondz par les quarteniers, tous à cheval
en houffe.

Marchoient devant eulx le fergent à maffe du bailliage
& celluy de la ville avec leurs maffes, auxquelz fergens
furent délivrez par la ville, à chacun, deulx aulnes de taffe-
tas pcur faire banderolles. Et au devant marchoient les
harquebuziers à pied, tabours fonnant et enfeigne defployée,
la cinquantaine de la ville à cheval, veftus de leurs hoque-
tons, & en ceft équippage allèrent lefd. sᵣˢ trouver ledit sᵣ de
Joyeufe hors lad. porte, en l'une des proches & plus com-
modes maifons, préparée par la ville pour faire rafrefchir
ledit feigneur, meublée & tapiffée aux defpens d'icelle, &
en laquelle feuft prépofé le sᵣ du Bofcguillaume Mᵉ Mathieu
Poullain, l'un des penfionnaires, pour faire fervir ledit feigneur de vin ou autre chofe, s'il le demandoit.

Auquel logis & en hault, en la chambre, montèrent lefd.
sᵣˢ où ilz saluèrent ledit feigneur, lors accompagné de plufieurs feigneurs, & luy feirent une harengue fort diferte,

parlans par ledit s^r lieutenant général, Me Jacques Cavelier, qu'il euſt fort agréable.

Vindrent auſſy audit lieu les juges & officiers de l'admiraulté, qui par ſemblable luy feirent autre harengue ; & aprez ledit ſeigneur, accompaigné des ſusdits ſeigneurs, s'achemina pour entrer en la ville, marchans immédiatement devant luy leſdits s^{rs} lieutenant, eſchevins, 24 & officiers, &, peu de diſtance hors la porte, l'attendoit le s^r du Héron, préſident en la cour des Aides, accompaigné d'aucuns des conſcillers d'icelle, qui luy feit autre harengue & propoſition.

Ce fait, entra ledit ſeigneur par lad. porte, en laquelle y avoit ung portique à l'antique, reveſtu d'hierre & autres ornemens, auquel eſtoient eſcriptz ces vers :

Reſpire maintenant Normandie affligée:
Ton Roy à ceſte foys te veult voir de plus prez,
Qui t'envoye au jourdhuy l'un de ses yeux exprez
Pour congnoiſtre tes maux & t'en rendre alegée.

Et à l'inſtant de ſon entrée furent tirez grand nombre de coups d'artillerye & harquebuzades, ſonnerent les trompettes, & durant le chemin qu'il feit par la ville continuèrent par intervalles.

A l'entrée de laquelle porte, au dedans de la ville, l'attendoient les quatre quarteniers d'icelle, honneſtement veſtus, qui luy préſentèrent un poiſle de velours verd & violet, couleurs dudit s^r, accouſtré d'or armoirié de quatre armoiries dud. sᵣ, ung de chacun coſté, que led. feigneur refuſa.

Puys le faluèrent & receurent, à l'entrée de lad. porte dans la ville, les fecond & tiers préfidentz & certains con-feillers députez de la court de parlement, qui auffy luy feirent quelque harengue; & eſtoient les rues par où il paſſa tendues de tapiſſerie depuis la porte Sᵗ Hillaire juf-ques à l'églife N. D. & dudit lieu jufques à S. Ouen; & alla ledit feigneur, accompagné defd. lieutenant, efchevins, 24 & officiers droiɛ̃t defcendre en lad. églife par le portal diɛ̃t des Libraires où il feuſt receu par les doyen, cha-noynes & chappitre d'icelle, la groſſe cloche diɛ̃te Georges d'Amboyfe & les orgues fonnantes; & après avoir faiɛ̃t fon oraiſon au cœur, fortit par la grand porte, remonta à che-val, &, accompaigné par les deffus dits, alla le long de la rue de Grand Pont loger en l'abbaye de Sᵗ Ouen, à l'entrée de laquelle lefd. lieutenant général, procureur du Roy, efchevins, 24 du Confeil & officiers fe meirent à pied, le receurent & falluèrent de rechef, puys s'en retournèrent laiſſans la cinquantaine, qu'il demanda, pour fervir de garde audit feigneur, ce qu'il accepta, encor qu'il euſt fes gardes ordinaires.

Et fur le foir lefd. efchevins feulz luy allèrent préfenter les clefz de la ville par les mains du sᵣ de la Haulle Ber-thelémy Hallé, ancien confeiller & efchevin d'icelle, qu'il

2.

leur rendit fort gracieufement & leur en ordonna la garde comme auparavant.

Ledit jour feuft adverty fon maiftre d'hoftel de faire lever troys pièces de vin clairet dont la ville lui faifoit préfent.

Et lendemain, xxvime dudit moys, lefd. s^rs efchevins, accompaignez dudit s^r de Bofcguillaume, penfionnaire, procureur & greffier, le furent de rechef falluer à St Ouen, auquel lieu ilz luy préfentèrent, au nom de la ville, ung grand plat d'argent à laver, deux vafes & quatre grandes couppes, le tout doré, taillé, buryné & enrichy d'excellent ouvrage, paifant LXIII. marcz deux onces & demye, & de valleur, au prix de XIII efcus XX s. le marc, VIII^c LIJ efcus X s., lad. vaiffelle préfentée par ledit s^r Hallé, qui les print des mains dudit s^r de Bofcguillaume, pour l'antiquiflé du procureur, lefquelz led. feigneur de Joieufe refufa par troys foys, & enfin les accepta & les remercia.

Et après fupplièrent ledit feigneur voulloir prendre, le lendemain, jour de poiffon, le foupper en l'hoftel commun de lad. ville, ce qu'il promit & feurent auffy invitez par lefd. s^rs les feigneurs de Carrouges & de Grainville, lieutenants foubz l'auctorité dudit feigneur duc au gouvernement, & feirent inviter les autres feigneurs par ledit s^r de Bofcguillaume, pour l'antiquiflé dudict procureur, avec les préfidens & gens du Roy au parlement.

Et fuivant ce, le lendemain, xxviie dudit moys, led. feigneur fouppa audit hôftel commun, & en fa table MM. fes deux frères, les feigneurs de Carrouges, de Grainville, de Pierrecourt, de Clère, de Thorigny, d'Efneval, procureur & advocat général en lad. court & autres notables feigneurs en fa table, & en une autre proche bonné partie de la nobleffe qui l'accompaignoit, & feuft ledit feigneur fervy par plufieurs jeunes hommes bourgeois de lad. ville, pour ce mandez & priez par lefd. efchevins, demeurans prez de luy lefd. efchevins pour recevoir fes commandemens, l'entretenir & faire fervir, & eftoit affiché à la porte de la ville les vers qui enfuivent :

> *Entrant ce gouverneur & le printémps enfemble,*
> *Certain prefage femble*
> *Qu'eflat ferain & doux, fin de trouble & d'ennuy,*
> *Nous arrive au jour d'huy.*

Luy feuft chanté, à l'entrée du foupper, *Bénedicite* en muzique, Grâces à l'yffue, & pendant icelluy quelques motetz, aucun à fa louenge, & préfenté arrière-banquet remply de confiftures de plufieurs medalles de fucre, fy artificieufement élabourez qu'il en feit garder aucunes.

Le lundy, xxviiie dudit moys, lefd. s^{rs} lieutenant général & efchevins, accompaignez d'aucuns anciens confeillers & autres officiers de la ville, feurent à S. Ouen devers ledit feigneur, où luy feuft expofé par led. s^r lieutenant lès plainctes & dolléances du peuple de lad. ville, à caufe d'infinis impofts & fubcides, peu auparavant introduiĉtz à la ruyne d'icelle & de la province, le fuppliant eftre moyen vers le Roy de les en faire defcharger & avoir en recommandation la ville, luy offrant tout debvoir, fervice & obéiffance en général & particulier, à quoy il promit s'emploier de bien bonne vollonté.

Et encores, fur le foir, les srs Hallé & de Hanyvel, confeillers, luy feirent de rechef plus amplement entendre les particularitez de leurs plainĉtes, & luy en préfentèrent une requefte, auxquelz, après les avoir benignement oys, il promit en refcrire au Roy & luy envoyer lad. requefte.

Et ce mardy, xxixe dudit moys, après dyner, ledit feigneur partit de cefte ville; & feurent lefd. srs lieutenant général, efchevins, 24 du Confeil & officiers, accompaignez de la cinquantaine, tous à cheval & bottez, l'accòmpaigner jufques à demye lieue, où il les licentia, & à fa fortie, qui feuft par lad. porte St Hillaire, feurent tirez quelques coûps de canon, moufquetz & harquebouzes, faifans les harquebouziers de la ville haye des deux coftez près la porte, quand il fortit.

Honneurs funèbres rendus au duc de Joyeuſe.

De par le Roy,

Très chers & bien amez, Le teſmoignage que feu notre très cher beau-frère le duc de Joyeuſe a rendu de ſon zèle & affeétion au bien de ceſte couronne & de notre ſervice, nous convie à luy faire, aprez ſa mort, l'honneur qu'il a mérité durant ſa vie. C'eſt pourquoy, ayant délibéré de faire faire en ceſte ville ſes obſèques, nous vous en avons bien voulu advertir, & par meſmes moyens vous enjoindre & ordonner de luy faire faire en notre ville de Rouen ung ſervice ſolennel comme à votre gouverneur, auquel nous entendons que vous aſſiſtiez, vous aſſeurant que le ſoing que nous nous promeétons que vous aurez d'exécuter en cela notre intention nous ſera très agréable. Donné à Paris, le xxjᵉ jour de février 1588. Signé : Henry ; & plus bas : de Neufville. Et ſur le doz : A noz très chers & bien amez les maire & eſchevyns de notre ville de Rouen.

Meſſieurs, je ſçay que vous avez tout ce qui vient de la part du Roy en telle révérence que vous y apporterez touſjours une entière diſpoſition d'y ſatisfaire, & m'aſſeure qu'en ce dont Sa Maᵗᵉ vous eſcript à préſent touchant le ſervice qu'elle veult eſtre faiét en votre ville pour l'âme de feu mons. de Joyeufe, ainfi qu'il a efté obfervé pour fes prédéceffeurs gouverneurs de la province, aprez leur tref-pas, vous vous rendrez encores d'autant plus promptz pour la mémoire dudit s^r défunct & de fes mérites. Toutes fois, pour m'acquicter du devoir auquel ma charge & l'amitié que je lui portois m'obligent, je n'ay voulu laiffer de vous efcrire la préfente & vous prier bien affectueufement vou-loir, pour votre regard, accomplir ce dernier office envers luy le plus honorablement qui vous fera poffible, tenans pour certain que ferez, ce faifant, chofe très agréable à sa Ma^{té}; & de ma part ce que vous y ferez congnoiftre de bonne volonté en ma confidération, vous fera une obliga-tion acquife fur moy, de laquelle je mé revencheráy volor.tiers, s'en offrant l'occafion. Ce pendant aprez avoir préfenté mes bien affectionnées recommandations à voz bonnes grâces, je prie Dieu vous donner,

Meffieurs, en fanté bonne & longue vye. De Paris, cé xxie jour de février 1588.

Votre plus affectionné amy à vous fervir. Louis dé la Vallette.

Et fur le doz : Meffieurs Meffieurs les Maire & efche-vins de la ville de Rouen.

Le huictième jour de mars m. v^c iiii^{xx} huict, fur les dix heures de matin, a efté célébré au cueur de l'églife Notre Dame une grand meffe où ont affifté les 24 du Confeil &

officiers de la ville, affis fur les formes ordinaires & tenans
les deux coftez ; & a efté fourny, aux defpens de la ville,
une chapelle ardante, fur laquelle y avoit cent cierges du
poix de cinq onces chacun, & aux quatre coings d'icelle
ung cierge poifant deux livres pièce & quatre cierges fur
le maitre autel, de deux livres pièce. Et fi la ville a faict
tendre à l'entour du dedans dud. cueur de drap noir, & fur
iceluy une ceinture de velours qu'elle a louée, & par voye
mis les armaryes dud. feigneur ; & fi y avoit foubz lad.
chapelle ardante, tendue à l'entour dud. velours, une repréfentation ordinaire, couverte d'ung drap de corps à cefte
fin emprunété. Et y affiftèrent mons. de Carrouges, auquel
feuft baillé chaire devant la repréfentation de feu Charles
le quint, & tenoient les hautes chaires MM. du parlement
avec neuf chanoynes de chacun cofté, & à la chapelle
S. Paul eftoient Meffieurs de la court des Aides, à celle de
N. D. Meffieurs des Comptes, & à celle de (en blanc) Meffieurs du bailliage, le furplus des autres fraiz icy non men-
tionnez portez par le chappitre.

*Lettre du duc de Joyeufe à la ville de Rouen, au
fujet d'un faux bruit qu'on avait fait courir.*

Meffieurs, ayant entendu ung bruiét qui a couru entre
vous autres que le voiage que j'avoys délibéré de faire en
mon gouvernement eftoit principallement en intention de

mestre des compaignyes en garnison dans votre ville, j'ay
bien voulu vous assurer par ceste lettre que c'est chose à
quoy je n'ay pas seullement pensé, pour considerer bien
aussi que, veu la fidélité que vous avez tousjours monstrée
au service du Roy, vous n'avez point besoing d'y estre
aidez par ce moyen. Et quand bien il seroit necessaire, encore
ne le voudroys-je pas faire sans le vous faire si bien con-
gnoistre que vous le me conseilleriez vous-mesme. Je vous
prie donc ne continuer point en ces opinions & croire au
contraire qu'en tout ce que je pourroy procurer & moyen-
ner votre soulagement, je ne m'y rendray jamais moings
affectionné que j'ay tousjours faict & que vous le sçauriez
désirer ; & sur ceste asseurance je prieray Dieu

Messieurs, qu'il vous ayt en sa tressainte & digne garde.
A Paris, ce 11e jour de may 1585. Votre entièrement bon,
plus asseuré & plus parfaict amy   Anne de Joyeuse.

Et au doz : A Messieurs les Conseillers & eschevins de
la ville de Rouen.

STATUTS ET RÉGLEMENTS

CONCERNANT

L'INSTRUCTION PUBLIQUE EN NORMANDIE

REPRODUCTION DE DOCUMENTS

RARES OU INÉDITS

PUBLIÉS PAR

C. DE BEAUREPAIRE.

ROUEN

IMPRIMÉRIE DE HENRY BOISSEL

—

M.DCCC.LXXIX.

STATUTS DU COLLÉGE DE VERNEUIL,

1599.

Dans un temps où l'on s'occupe si passionnément de tout ce qui a trait à l'instruction publique, il nous a semblé qu'il y aurait un certain intérêt à recueillir quelques Statuts des anciens collèges et des anciennes écoles de la province de Normandie. Nous donnons aujourd'hui ceux du collège de Verneuil d'après un cahier manuscrit que nous avons copié, il y a quelques années, et qui se trouvait alors déposé dans les archives du Palais-de-Justice de Rouen. Ce document portait la signature du cardinal Du Perron et paraissait avoir été produit à l'occasion d'un procès.

CH. DE B.

*Ensuivent les Reigles, Statuts et Ordonnances
faictes sur l'Establissement du Collège érigé
à Verneuil par les omosnes & bienfaictz de......*

1°

A l'administration du collège de Verneuil qui, soubz la
bonté de Dieu, doibt estre estably au nom de la Très-Saincte
Trinité Père et Filz et Sainct-Esprit, soubz l'invocation de
Monsieur Sainct Nicollas, patron des escolliers,

2°

Sera estably ung principal qui sera nommé et présenté
par les maire, eschevins & vingt-quatre conseillers de la
ville à Monsieur le bailly d'Alenchon ou Monsieur son lieutenant à Verneuil, qui sera tenu de recevoir et admettre,
du consentement des gens du Roy et par l'advys des autres
officiers et advocatz du siège, s'il se trouve capable, synon
le renvoyer pour estre procédé à la nomination d'un aultre.

3°

Lequel principal, estant ainsy admis, sera tenu se faire
aprouver par Mgr. le révérendissime évesque d'Évreux,
notre prélat, et en apportera acte autantique, qui sera
registré sur les archives publiques de la ville.

I

4°

Le dit principal aura l'entière et universelle œconomie de la maison et collège suivant qu'il est cy-après déclaré.

5°

Premièrement,

Sera tenu d'avoir quatre régens, de religion, preud'hommie et doctrine suffisante et bonne conversation, qui seront gaigés aulx despens du collège.

6°.

Sçavoir est :

Le premier, qui enseignera la langue grecque et latine, aura de gaiges cinquante escus sol par chacun an, oultre le droict de landit (1) et chandelles, toilles et bancs, savoir est pour les toilles et bancs, sept solz six deniers, pour les chandelles et pour le landit, deux escus, pour chacun escollier. Et sera tenu le dit premier régent de faire deux actions publicques, qui seront une Déclamation le jour de Sainct-Nicollas et des jeux le second dimenche de septembre, sy

---

(1) « *Landi* s'est dit du salaire ou présent que les Écoliers donnoient à leurs Maîtres vers la saison du Landi (foire à Saint-Denis près Paris), consistant en six ou sept écus d'or, qu'on fichoit dans un citron et qu'on mettoit dans un verre de cristal. Exiger des *Landits*. Le *Landi* se payoit au Recteur et aux Suppots de l'Université pour fournir aux frais du Recteur qui alloit à Saint-Denis en grande cérémonie au temps de la Foire. Le Parlement a aboli la cérémonie et le droit de Landi, par Arrêt de l'an 1608. On appeloit *Grippe-Landis* ceux qui frustroient leur Maître de ce présent. » *(Dictionnaire de Trévoux* au mot *Landi).*

plus il n'en veult faire pour exercer les pauvres, parce que les dits actes seront récompensés et gratiffiés par les conseilliers.

7°

Le second régent enseignera la langue latine et instruira les enffants à la langue grecque, à sçavoir lire, décliner, depuys Pasques jusques à la Saint-Remy, et prendra pour banc et toilles, de chacun, cinq solz, et pour les chandelles, quarante, et pour le landit, un écu, et fera une Déclamation à la mi-caresme de troys de ses enffans, et aura de gaiges trente escus par chacun an.

8°

Le troisième enseignera des rudiments, à décliner et conjuguer, depuis la Saint-Remy jusques à Pasques; et, depuys Pasques jusques à la Saint-Remy, le Despautaire selon la capacité des enffans, et aura de gaiges, vingt escus, de bancs et toilles, cinq sols, de chandelles, vingt sols, et de landit, quarante solz.

9°

Le quatrième sera un très-bon escrivain, qui aura de gaiges vingt escus, qui aprendra seullement à bien escripre et orthograffier, compter et jetter, et aura par moys cinq solz au moings, ou plus selon le moyen des enffans.

10°

Le cinquiesme sera un abécédaire, qui aura troys solz par moys sans gaiges.

11°

Lesquelz trois premiers régens seront tenus de faire actuelle résidence dans le dit collège et assister au service divin et actions du dit collége comme les deux autres régens, escrivain et abécédaire, orés qu'il leur fust permis par le dit principal demeurer hors du dit collège, et seront logés les dits régens gratis dans les chambres du dit collège parce qu'ilz seront tenus eulx meubler.

12°

Sera aussi estably ung procureur de la dicte maison et collège, de l'un des plus notables bourgeois de la ville, qui sera tenu et obligé procurer et sollicitter le bien en général de la dicte maison, poursuir, intenter et deffendre à toutes actions concernant le bien et revenu d'icellui durant troys ans, et de sa gestion rendre et tenir compte devant le dit principal, qui recepvra tout le revenu de la dicte maison et collége; et ne pourra le dit procureur recevoir ny bailler quittance du dit revenu, lequel procureur sera assisté d'un de Messieurs de la justice, nommé par le dit principal, pour donner advys, conseiller et plaider, qui sera appelé le Conservateur du bien du collège, et pourra estre continué selon les diligentz et bons offices qu'il rendra au dit collège.

13°

Le premier et principal soing tant du dit principal et régentz sera d'instruire et maintenir et conserver la jéu-

5

nesse en la cognoissance, crainte et amour de Dieu, en la
pureté et sincerité de la religion catholique, apostolique et
romaine, comme en la formation de bonnes mœurs et
conservation, respect, honneur et obéissance à leurs supé-
rieurs, et pour y parvenir il fault observer les règles qui
enssuyvent.

14°

Premièrement :

Que les enffants pensionnaires demeureront tous dans
ledit collège actuellement enfermés, se lèveront depuis la
Saint-Remy jusques à Pasques à six heures de matin, au
son de la cloche qui pour cest effect sera sonnée, et, habillés
qui seront, s'en yront tous en l'Oratoire, accompaignés de
principal, des dicts régens ou l'un d'eux, pour invoquer le
nom de Dieu et y estre dict *Veni, Creator*, l'Oraison Domi-
nicale briefvement. Cela faict, jusqu'à sept heures ils estudieront leur leçon, que la messe se dira après avoir sonné,
à laquelle messe assisteront tant les pensionnaires que les
autres de dehors, *sub pena ferulæ*, et ce en l'ordre de leur
classe et sans confusion.

15°

Au commencement de laquelle messe sera chanté *Veni,
Creator* et à l'Elévation du prétieux corps de Jésus-Christ
O Salutaris Hostia et *Domine, non secundum peccata
nostra.*

16°

A l'issue de la messe et avant que de partir dudit lieu sera baillé le billet des absents ou marianctz (1), au principal ou à celuy qui présidera, par le nomenclateur.

17°

Et de là s'en yront les dits escolliers desjeuner, à l'issue duquel les dits pensionnaires réciteront leurs leçons au maître de chambre soubz la charge duquel ilz seront commis.

18°

A sept heures trois quarts sonnera le premier coup de la leçon, et le second à huict heures, pour entrer au mesme instant en classe, tant par les escolliers que régens, et seront en classe jusques à dix heures.

19°

A dix heures sonnera le premier coup pour sortir de classe, lequel sonné les escolliers disputteront chacun en sa classe, et rendront leurs thêmes, jusques au dernier coup, qui sonnera à la demy-heure suyvante que les dits enffants, yront disner.

20°

A l'issue duquel, qui sera à unze heures et demie, yront les dits enffans à grâces, qui seront chantées, à haulte voix à

(1) Le mot est douteux. Marance, *marancia* souvent employé pour *défaut.*

la salle du principal et régens, lesquelles estant dictes, seront les nomenclateurs tenus apporter le billet au dit principal de ceulx qui auront deffailly ou à celuy des régens qui présidera pour son absence.

21º

Les dites grâces rendues, les dictz escolliers entreront aux répétitions jusqués à une heure, et depuis une heure jusqués à deux heures trois quars, que sonnera le premier de la leçon, estudieront, feront leurs compositions; et depuys deux heures troys quartz réciteront leur leçon à leurs maîtres de chambre, et le dernier de la leçon, qui sera à trois heures sonnées, entreront tous les dicts escolliers et régens, chacun en leurs classes, jusques à cinq heures, que sonnera le premier de la leçon, et lors disputeront les ditz escolliers les ungs contre les autres et rendront leurs thêmes jusques à cinq heures et demye, que le dernier sonnera, et iront tous au salut qui se dira en la chappelle, où se chanteront les [offices] de la Vierge, selon le temps et institution de l'Église, *Da pacem, Domine,* avec l'oraison *De profundis* pour les fondateurs et bienfaiteurs du dit collège.

22º

A six heures souperont les dits escolliers, à l'issue duquel (souper) seront rendues grâces comme au disner, et de là s'en iront en leurs chambres et estudes jusques à neuf heures, à laquelle heure sonnera la dicte cloche ung quart

d'heure, et s'en iront les dits escolliers coucher sans inter-
mission.

23°

Les jours de mardy les dits escolliers auront permission
de jouer depuys une heure aprez midy, que seront faictes
les répétitions, jusques à quatre heures, qu'ils entreront en
classe, et le pareil sera faict le jeudy, quant il y aura feste la
sepmaine, et où il n'y auroit de feste, ilz auront *simpliciter*
le dit jour de jeudy après disner.

24°

Et depuis Pasques jusques à la Saint-Remy se lèveront
les dicts escolliers à cinq heures, que la cloche sonnera pour
le premier coup de la messe.

25°

Les dictz escolliers pensionnaires et autres externes ayant
moïen de ce faire porteront la robe zonée et le bonnet de
Mantoue, sans qu'ilz s'en puissent dispenser que par permission du principal et pour juste cause, et où ils seront
trouvés aultrement, seront punis; et seront tenus tous les
dicts escolliers estans dans le dit collège, tant pensionnaires
que externes, parler continuellement latin, *sub pena ferulæ*.

26°

Les escolliers externes seront tenus et subjectz, à toutes
les festes et dimanches, venir et assister à la petite messe
du dit collège en la manière ci-dessus, laquelle se dira à sept

heures du matin, aprez laquelle se fera le catéchisme jusqu'à neuf heures.

27°

Assisteront les principal, régens et escolliers en ordre avec leurs robbes et bonnetz, deux à deux, aux processions générales qui se feront en la ville et autres actions publiques, sy ilz y sont invités, et aux sermons, quand il sera ainsy advisé par le principal.

28°

Le premier jour d'août cesseront toutes leçons, que commenceront les vacations, lesquelles finiront le dernier du dit moys, et au dit premier de septembre seront recommencées les estudes généralles au lieu de la Saint-Remy.

29°

Seront faictz deux examens l'année, l'un à la Sepmaine Saincte, et l'autre à la mi-aoust, pour faire monter les dictz escolliers selon leurs capacittés.

30°

Ne se fera qu'une seulle œconomie, table ny despence dans le dit collège, qui sera régie et modérée par le dit principal, qui aura soubz luy tous les pensionnaires et les régens afin d'éviter à confusion et diversité de mœurs et discipline, sy pour le mieux il n'est advisé aultrement par les principal, procureur et conservateur du dit collège.

ARTICLE EFFACÉ

Le dit principal, les gaiges et sallaires des dits régens payez, aura tout le reste du revenu de la dictè maison et collège, sans qu'il soit tenu ny ses héritiers en rendre ny tenir aulcun compte ny relicqua à qui que ce soit, ny mesmes d'aulcunes testations (1).

Nous Jacques (2), par la grâce de Dieu et du Saint Siége Apostolique, évesque d'Évreux, ayant veu et considéré les articles couchés ci-dessus, avons approuvé et confirmé, approuvons et confirmons l'institution du dit collège de la ville de Verneuil avec toutes les conditions mentionnées en présent cayer, sauf que pour le premier et second article, concernantz l'eslection du principal, nous les avons remis aux termes de l'Ordonnance d'Orléans (3), pour estre esleu et destituable selon et aux cas portez par ladite Ordonnance. Et, en tesmoing de cette confirmation et approbation de notre authorité, avons signé la présente de notre main et

(1) En marge : « Cet article a esté résolu par advis du principal, consorts et procureur du dit collège et le procureur du Roy. »

(2) Jacques Davy, cardinal Du Perron, évêque d'Évreux du 27 décembre 1595 au mois d'octobre 1606.

(3) Ordonnance d'Orléans, 1560, art. IX du Chapitre ecclésiastique. D'après cet article le précepteur devait être élu par l'archevêque ou évêque du lieu, appelés les chanoines de leur église et les maire, échevins, conseillers, et il était destituable par ledit archevêque ou évêque, par l'avis des dessus dits.

faict contresigner par l'un de nos secrétaires. Faict en notre chasteau de Condé (1), ce xxxi° mars 1599.

> *Signé :* Jacques, Évesque d'Évreux.

> Par Monseigneur :

> Le Page (2).

(1) Condé sur Iton.

(2) Au dos de la pièce : « Status du collège de Verneuil produits au greffe de la ville et mairie dudit Verneuil, le 8 janvier 1687, par M. de la Madelainne, principal du collège dudit Verneuil. »

Ces Statuts des Ecoles du diocèse de Rouen sont les plus
anciens que nous ayons pu nous procurer. Malheureusement ils
ne nous sont connus que par une copie informe, d'une écriture
du dernier siècle, copie déposée dans le fonds des maîtres écrivains de Rouen, série D des Archives départementales. Toutes
les recherches que nous avons faites à l'effet de nous procurer
les originaux ou des copies anciennes et authentiques des Statuts
donnés par le Cardinal d'Amboise et même des lettres de confirmation de l'Archevêque François de Harlay, ont été jusqu'à ce
jour complètement infructueuses.

CH. DE B.

rançois de Harlay, par la grâce de Dieu et du Saint Siège Apostolique, Archevêque de Rouen, à tous fidelles Chrétiens de la ville et du diocèse de Rouen, salut. Comme la nature a donné aux parents une grande inclination pour le bien de leurs enfans, aussi le Christianisme a fait naître en leur cœur un si fort désir de les consacrer à Dieu, que leur esprit n'est en repos, après les avoir mis au monde, qu'ils ne les ayent vus renaître en Jésus-Christ par le saint sacrement de baptême. Mais ce bon dessein est aussitôt altéré par le débris que la nature a reçu du péché, qui nous porte plutôt au mal qu'au bien, tellement que la négligence, que nos ayeuls ont porté à l'instruction de nos pères passe, par eux bien souvent jusqu'à nous, car nous ne pouvons désapprendre qu'avec bien de la peine ce qu'ils ont mal appris, ce qu'ils nous ont enseigné encore plus mal, d'autant que, depuis que la jeunesse s'est affermie en quelques mauvaises inclinations, il est difficile de la ramener à sa première candeur, si ce n'est par un travail continuel de bons maîtres desquels le plus souvent, s'il y a du mal, elle imite plutôt le vice que la vertu. C'est pour quoi la Sainte Église, considérant qu'il n'étoit pas à propos que la conduite de ses enfants fût permise indifféremment à toute personne, a

substitué saintement, en chaque Église cathédralle, des personnes constituées en dignité, sur la probité desquelles elle
s'est déchargée du choix qui doit être fait de personnes re-
commandables en piété, vertu et bonne vie, pour donner à la
jeunesse de bonnes dispositions à la vertu et de bons prin-
cipes de religion. En l'Église de Rouen nous voyons ce soin
attaché à la charge de Chancelier de l'Église métropolitaine
pour la direction de toutes les Écolles en général de notre
diocèse, et principalement de notre ville de Rouen, dont
nous voulons que les anciens statuts, ordonnances et règlements soient renouvellez et observez pour la gloire de
Dieu et pour l'utilité et instruction de la jeunesse, sur
laquelle nous sommes obligez de veiller par notre soin pas-
toral, comme pour l'absence du dit sieur Chancelier, avons
commis et commettons pour faire observer et avoir soin
des dites Écolles, la personne du sieur George Ridel, prêtre,
chanoine en l'Église Cathédralle du dit Rouen, lequel a
promis s'en acquitter très fidèlement.

Donné en notre Pallais Archiépiscopal du dit Rouen, le
vingt-septième de février mil six cent quarante et un,
Signé : François de Harlay; et plus bas et avec un paraphe:
ENSUIT LES RÈGLEMENTS, STATUTS ET ORDONNANCES FAITS ET
ARRÊTEZ PAR MONSIEUR D'AMBOISE, ARCHEVÊQUE DE ROUEN,
EN L'ANNÉE MIL CINQ CENT VINGT, POUR TOUTES LES ÉCOLLES DE
GRAMMAIRE, LECTURE, ECRITURE, ARITHMÉTIQUE ET DOCTRINE
CHRÉTIENNE DE LA VILLE ET DIOCÈSE DE ROUEN.

ARTICLE 1ᵉʳ.

Premièrement sont tenus et obligés tous les maîtres et maîtresses d'Écolles de la dite ville de Rouen, d'être et comparoir, les jours et fêtes de Saint Jean Porte-Latine et Saint Nicolas d'hyver, en la paroisse de Saint Godart pour entendre la messe et exhortation que fait Monsieur le Chancelier ou autre par lui commis, pour ouïr la lecture des dites ordonnances et être appelés chacun par son nom à son rang d'aînesse, à peine de cinq sols d'amende pour les pauvres de la communauté des dits maîtres.

ARTICLE 2ᵉ.

Item, chacun maître ou maîtresse qui seront par nous commis pour enseigner la jeunesse, tant de l'un que de l'autre sexe, feront tous profession de la Religion Catholique, Apostolique et Romaine, et avant que d'être reçus feront apparoir des attestations de leurs bonnes mœurs et religion, pour après être examinez pour sçavoir s'ils sont capables d'être employés à instruire la jeunesse, pour leur en délivrer acte et permission par nous ou notre subdélégué.

ARTICLE 3ᵉ.

Item, nul maître Écrivain Vérificateur ne pourra être reçu devant les anciens maîtres Écrivains Vérificateurs du dit Rouen par expérience et chef-d'œuvre qu'il n'aye demeuré chez un ou plusieurs desdits maîtres Écrivains Vérifcateurs, deux ou trois années, afin d'être bien instruit et enseigné pour faire la ditte expérience, et fait aparoir aux dits anciens maîtres Écrivains Vérificateurs des attestations par devant nous obtenues de ses bonne vie, mœurs et Religion Catholique, Apostolique et Romaine.

ARTICLE 4e.

Item, nul maître ou maîtresse ne pourra s'aprocher auprès d'un autre maître ou maîtresse, au moins qu'il n'y aye distance de deux ou trois rues ou cinquante maisons tout au moins, pour empêcher les enfants de se débaucher et communiquer pour faire des ligues, pour se battre les uns et les autres en allant et sortant des dittes Écolles.

ARTICLE 5e.

Item, nul prêtre, dans la ville de Rouen ou autre ville de notre diocèse, ayant bénéfice ou charge d'Église au dessus de simples prêtres, ne pourra faire la dite fonction et charge d'enseigner la jeunesse, cette fonction et charge d'enseigner étant destinée pour des gens qui n'auront d'autre employ que d'enseigner et catéchiser les enfants et veiller sur leur conduitte, leur enseignant à bien prier Dieu, à bien lire par syllabes et prononciations la doctrine chrétienne et la langue latine.

5

ARTICLE 6e.

Item, nuls prêtres ne pourront enseigner l'art d'Écriture
ny l'Arithmétique, cela étant deffendu et réservé suivant
les arrêts de la Cour aux maîtres Écrivains Jurés Vérificateurs, reçus par expérience et chef-d'œuvre en la dite ville
de Rouen pour vérifier les écritures et signatures en question entre les parties.

ARTICLE 7e.

· *Item*, en cas qu'il ne se trouvât pas de maîtres Écrivains Jurés Vérificateurs reçus du dit Rouen, demeurans
dans les villes et bourgs de notre dit diocèse, les prêtres
pourront enseigner à écrire et l'arithmétique avec la doctrine chrétienne, parce que ceux qui voudront enseigner
à écrire et l'arithmétique, tant hommes que femmes, seront
obligés de venir devant nous pour être examinés, s'ils sont
capables de cet employ et prendre nos lettres de permission.

ARTICLE 8e.

Item, nuls maîtres ne pourront enseigner aux filles,
qu'ils ne soient mariez et que leurs femmes ne soient aussi
reçues Maîtresses et bien et düement examinées devant nous,
et voulons que les filles soient hors d'avec les garçons dans
une chambre ou autre lieu à part.

ARTICLE 9e.

· *Item*, tous les maîtres et maîtresses, tant pour enseigner à lire, écrire, et la grammaire, seront obligés de faire venir leurs écoliers ou écolières à leurs écoles, en été, depuis huit heures du matin jusqu'à onze heures et demie, et depuis deux heures d'après midy jusqu'à quatre heures, et seront obligés tous les dits maîtres et maîtresses d'enseigner le catéchisme deux fois la semaine, sçavoir le mercredy, le vendredy la relevée, et les samedis pareillement, pour leur récréation, leur enjoignant, après s'être jouez, de bien étudier leurs leçons et leur catéchisme.

ARTICLE 10°.

Item, les maîtres qui enseigneront à lire la doctrine chrétienne et la grammaire latine auront, chacun mois, par écolier vingt sols.

ARTICLE 11°.

Item, les dits maîtres et maîtresses qui enseigneront seulement à lire et la doctrine chrétienne auront chacun mois par écolier ou écolière dix sols.

'ARTICLE 12°.

Item, les maîtres Écrivains Vérificateurs auront, pour enseigner à lire et écrire et chiffrer à leurs écoliers, par mois trente sols, et pour ceux qui apprendront simplement à écrire et à lire aux lettres.....

ARTICLE 13°.

Item, tous les dits maîtres ou maîtresses en général seront obligés de venir entendre la messe solennelle les jours de Saint Jean Porte-Latine et Saint Nicolas d'hiver, à huit heures du matin, avec le sermon qui sera fait après les dites messes en la paroisse de Saint-Godart, à peine de cinq sols d'amende pour les deffaillants, applicables aux pauvres de la dite communauté, et seront obligés tous les dits maîtres et maîtresses, chacun à leur tour, de faire dire une haute messe à la dite heure de huit heures, tous les quatrièmes dimanches de chacun mois, et payeront pour icelle pour toute chose, trente sols, n'étant obligés de donner aucuns bouquets ni craquelins, et à la fin de la messe sera chanté les prières pour le Roy, un *Libera* et *De Profundis* pour les âmes des maîtres et maîtresses de la dite communauté qui seront trépassés avec eau bénite.

ARTICLE 14°.

Item, nul maître qui aura appris d'un autre maître ne pourra s'aprocher de lui à cause des connaissances qu'il a ou pourroit avoir de ses écoliers et pratiques, plus près que de cent maisons, ou bien deux ou trois écoles de distance pour la dite ville de Rouen seulement.

ARTICLE 15°.

Item, si un maître Écrivain Juré Vérificateur au dit Rouen va demeurer dans une des villes de notre diocèse, ne pourra être reçu, s'il y a déjà un autre maître comme lui habitué, ou bien que la ville soit grande et capable d'occuper plusieurs maîtres. En ce cas les parties se pourvoiront par devant notre Official pour y être pourvu.

8

ARTICLE 16e.

Item, tous les différends qui pourront avenir entre tous
les dits maîtres et maîtresses en général, tant de notre dite
ville de Rouen que des villes et bourgs de notre dit diocèse
viendront par assignation devant notre dit Official pour y
rendre justice.

ARTICLE 17e.

Item, tous les maîtres et maîtresses d'Écolles de la dite
ville de Rouen en général, tant prêtres que laïques, seront
obligés de donner pour chacun an dix sols pour être employés, avec ce que l'on pourra cueillir dans le plat de la
dite Communauté, aux messes, et dons qui se feront dans
les maisons desdits maîtres ou maîtresses, avec ceux que les
parents feront à chacuns maîtres ou maîtresses, lors de leur
réception, tous lesquels deniers seront mis ensemble ès
mains d'un maître qui sera élu trésorier tous les ans pour
être employés tant pour aider à vivre aux pauvres maîtres
et maîtresses qui seront en nécessité, que pour faire les
affaires nécessaires de la dite communauté, dont les dits
trésoriers en rendront fidèle compte devant les six plus anciens maîtres, à leur rang et degré, pour cueillir dans leurs
maisons ce qu'ils pourront honnêtement pendant le mois
qu'ils auront le plat.

ARTICLE 18e.

Item, il est enjoint à tous maîtres et maîtresses d'apporter
un billet des noms de ceux dont ils ont connaissance qui

enseignent en cachette à leurs maisons ou par la ville, dans les maisons des bourgeois, lesquels n'ont aucun pouvoir ny commission de nous, étant le plus souvent des gens de mauvaise vie et mœurs, chassés de leur pays pour toutes sortes de crimes, à quoy on doit exactement remédier.

ARTICLE 19ᵉ

Item, commandons et enjoignons à tous curés et vicaires de la dite ville de Rouen et de toutes les villes et paroisses de notre Diocèse de recommander à leurs prônes, tous les premiers dimanches de chacun mois, qu'on n'aye à se servir pour l'instruction de la jeunesse que des gens qui sont approuvez de nous, pour éviter la corruption qui pourroit arriver par ceux qui n'ont aucune approbation de bonne vie et mœurs.

ARTICLE 20ᵉ.

Item, deffendons à toutes sortes de personnes, de quelque qualité et condition qu'elles soient, d'enseigner à la jeunesse qu'ils n'ayent pouvoir de nous, tant dans les villes et bourgs de notre diocèse, à peine de cinquante livres d'amende applicable à la ditte communauté.

ARTICLE 21ᵉ.

Item, tous les pauvres orphelins et autres nécessiteux, qui n'ont pas moyen de payer les maîtres, iront aux Écoles des pauvres, où ils seront enseignés pour l'amour de Dieu, et seront obligés d'avoir une marque attachée à leur chapeau ou estomac, où il y aura imprimé, sur un morceau de parchemin contenant viron quatre ou cinq pouces en quarré : *Pauvre de la dite Ville de Rouen,* avec le nom de l'enfant, et au dessous notre cachet ou celui de notre subdélégué, et sera aussi enregistré dans le registre du dit subdélégué où seront écrites d'un côté toutes les affaires en réception des dits maîtres et maîtresses, à telle fin que de raison.

ARTICLE 22ᵉ.

Item, après nous être informés aux anciens maîtres Écrivains Vérificateurs du dit Rouen, avons appris que la plupart des jeunes maîtres, sitôt qu'ils sont reçus, négligent de s'exercer à la science et théorie, tant de l'écriture, arithmétique que vérification des dites écritures, à quoi ils doivent s'exercer souvent pour distinguer et connaître le vray d'avec le faux, et pour y parvenir et obliger tous les dits jeunes maîtres à s'exercer et se rendres habiles,

. Avons trouvé à propos que, tous les quatrièmes dimanches du mois, celui qui fera dire la messe à l'heure de huit heures dans la dite paroisse de Saint-Godard viendra, à l'issue d'icelle, en la maison du doyen des six plus anciens maîtres Écrivains de la dite communauté, où étant, en présence des dits six plus anciens, fera voir quatre pièces de son écriture, bien proportionnée, de cinq ou six lignes chacune, la première de Compte, qui sert ordinairement pour commencer les enfants et adresser les comptes de Sa Majesté, faire les contrats et arrêts des cours souveraines, et sentences des autres juridictions, dont celui qui sera habile à l'écrire sera capable de bien faire les autres. La seconde pièce d'écriture sera de Finance, qui sert à faire les expéditions et exécutoires. La troisième pièce d'écriture sera de Minute avec les abregés ordinaires, qui sert à disposer les affaires pour les mettre en grosses. La quatrième pièce d'écriture sera en Italienne, pochée ou formate, pour servir dans le ménage, lesquelles dites quatre pièces d'écriture seront vues et examinées de point en point et laissées aux mains du dit doyen pour en disposer à sa volonté, parce que les six anciens maîtres, après avoir vu les dites pièces d'écriture et dit leur avis à celuy qui les aura faites, l'interrogeront aussi sur les vérifications et arithmétique, ensuitte de quoy lui sera payé par le trésorier en charge cinq sols des deniers qui seront en ses mains, et aussi à chacun des six anciens maîtres pareille somme de cinq sols. Par ces moyens et exercices, un chacun des jeunes maîtres se rendra capable de bien faire sa profession. Le tout pour la gloire de Dieu et l'utilité du public. En cas qu'il se rencontrât des jeunes maîtres qui ne voulussent pas faire dire la messe et faire les dits exercices, seront sommés de comparoir devant ledit sieur Official, pour y être condamnés avec dépens et à renoncer à la qualité de maître Écrivain et à ne plus exercer la dite profession.

STATUTS ET RÉGLEMENTS

CONCERNANT

L'INSTRUCTION PUBLIQUE EN NORMANDIE

REPRODUCTION DE DOCUMENTS

RARES OU INÉDITS

PUBLIÉS PAR

C. DE BEAUREPAIRE.

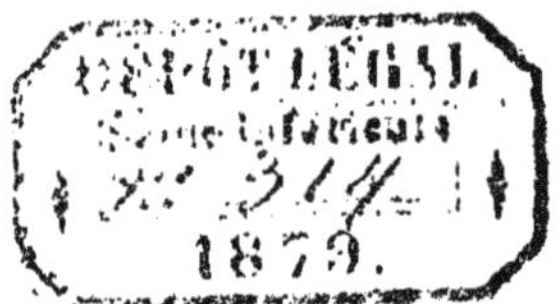

ROUEN

IMPRIMERIE DE HENRY BOISSEL

—

M.DCCC.LXXIX.

STATUTS

ET

REGLEMENS

POUR LA

COMMUNAUTE'

DES MAISTRES ECRIVAINS JUREZ
Experts Vérificateurs en cette Ville de Rouen,
homologués au Bailliage dudit lieu, le 24 Juillet
1681. confirmés par Lettres Patentes du Conseil
d'Etat du Roi au mois de Décembre 1711,

Regiſtrés au Parlement le 17 Février 1712.

A ROUEN,

Chez la Veuve JORE, ruë S. Lo, à côté &
aux Armes de M. le P. Preſident.

M. DCC. XLII.

Avant la Révolution il n'y avait point, à Rouen, d'écoles publiques, pour ce que nous appelons présentement l'enseignement primaire, en dehors des écoles de charité destinées aux pauvres, dont la fondation remontait au xvi° siècle. Cette sorte d'enseignement était abandonnée aux membres de la communauté des Maîtres écrivains, auxquels leur qualité assura pendant longtemps un véritable privilége, au préjudice de tous autres et même des ecclésiastiques qui s'adonnaient à l'enseignement du latin. Ce fut sans succès, que dans le cours du dernier siècle, cette communauté, envieuse des progrès soutenus des Frères de la Doctrine chrétienne, qui étaient devenus, par la force des choses, les héritiers des écoles de charité, essayèrent d'en organiser à leur tour. Il leur fallut bientôt revenir aux anciens usages, que nous ont fait connaître les Règlements donnés par le cardinal d'Amboise et confirmés par l'archevêque François de Harlay. Les Maîtres écrivains continuèrent d'avoir leur clientèle; mais, à proprement parler, ils n'ouvrirent pas de classes publiques. Ils paraissent, du reste, avoir été assez nombreux pour assurer le bienfait de l'instruction, d'une manière assez peu onéreuse, à un grand nombre d'enfants. D'après les *Tableaux de Rouen*, sortes d'Annuaires publiés avant 1789, il y avait dans cette ville, de 37 à 41 Maîtres écrivains jurés et vérificateurs d'écriture, entre 1774 et 1779. A la même époque, et en dehors du collége, on comptait de 12 à 14 ecclésiastiques, maîtres de pension.

On remarquait, parmi eux, en 1779, l'abbé Stuart, qui prétendait descendre de la maison royale de ce nom, et dont la famille s'était retirée en France avec le Prétendant (1).

Les Statuts et règlements de la communauté des Maîtres écrivains furent homologués au bailliage de Rouen le 24 juillet 1681, et confirmés par lettres patentes du Conseil d'Etat du Roi, du mois de décembre 1711, enregistrées au Parlement le 17 février 1712.

C'est ce document, imprimé à Rouen, chez la veuve Jore, en 1742, que nous réimprimons d'après l'exemplaire conservé aux Archives de la Chambre de commerce de Rouen, qui nous a été obligeamment communiqué par M. Templer, secrétaire-archiviste.

Nous nous contenterons de mentionner deux pièces qui ont été annexées à ces Statuts et comprises sous la même reliure, à savoir : un Arrêt du Parlement rendu entre les Maîtres et les gardes écrivains de la ville de Rouen et Maîtres Adrien De la Mare et Nicolas Mallet, prêtres de cette ville, du 24 janvier 1716, arrêt qui ordonne que les statuts obtenus par les Maîtres écrivains

(1) Archives de la Seine-Inf., C. 80.

seront exécutés selon leur forme et teneur, et, en conséquence, fait défense à ces ecclésiastiques d'enseigner à Rouen l'art d'écriture; — 2° une Sentence du lieutenant général de police, Jacques Billard de Nainville , qui ordonne la suppression d'un livre intitulé : *Compilation ou détail abrégé de ce que Jean Bonnet, Maître écrivain juré en cette ville de Rouen, enseigne à ses disciples*, 23 juin 1742. Il avait été reconnu, sur la requête de la communauté, que par l'article 25 de ses statuts, aucun Maître n'avait la liberté de donner ou envoyer par les maisons billets écrits, burinés ou imprimés ni d'en afficher en lieux publics, pour indiquer sa demeure ou profession, à peine de 10 l. d'amende pour les pauvres. Bonnet avait notablement contrevenu à cette disposition en s'avisant, « pour faire pratique et se donner du nom, de s'annoncer au public par un livre imprimé, qu'il distribuait partout et que même il avait fait afficher. »

La Communauté des Maîtres écrivains, supprimée par l'édit de février 1778, fut rétablie par lettres patentes du 17 juillet 1779, dont le deuxième article portait « que ceux qui seraient reçus Maîtres jouiraient, seuls et à l'exclusion de tous autres, du droit de tenir classe publique pour y enseigner l'écriture, l'arithmétique et les objets dépendans de la dite profession , comme aussi de faire la vérification des écritures en justice, sans que, pour raison du dit privilége, ils pussent empêcher les écrivains de la dite ville , qui ne seraient reçus dans la dite communauté, d'aller donner des leçons en ville chez les particuliers, et de travailler de leur état. »

Les Maîtres écrivains sollicitèrent en vain la suppression de cette seconde disposition. On considéra que l'art de l'écriture faisait une partie essentielle de l'éducation, qu'on ne pouvait donner trop de facilités aux pères de famille pour l'instruction de leurs enfants, et qu'il importait que cette instruction fût rendue aussi peu coûteuse que possible.

Réduit de la sorte, le privilége des Maîtres écrivains était, il faut en convenir, bien peu important. Ainsi que l'indiquait l'Intendant M. de la Michodière, dans une lettre à M. de Tolozan, en 1779, « l'objet le plus lucratif pour les Maîtres écrivains était d'aller donner des leçons en ville ; il n'y avait tout au plus que trois d'entre ceux qui étaient Maîtres qui tinssent des écoles publiques ; encore étaient-elles presque désertes, parce qu'il n'était pas un citoyen aisé qui ne préférât de faire venir un écrivain chez lui à envoyer ses enfants aux écoles, les seules qui fussent fréquentées étant celles où l'on instruisait gratuitement les pauvres ». D'où il était résulté, ajoutait-il, « que le nombre des écrivains non Maîtres s'était multiplié en raison de la préférence qu'on donnait aux leçons particulières (1). »

Ce ne fut qu'à une époque postérieure que l'on préféra définitivement, pour toutes les classes de citoyens, l'instruction publique à l'instruction privée.

Сн. de B.

(1) Archives de la Seine-Inf., C. 143.

STATUTS·

E T

REGLEMENS

DES MAISTRES ECRIVAINS JURÉS Vérificateurs de cette Ville de Rouen, homogués au Bailliage dudit lieu, le 24 Juillet 1681.

L'AN de Grace mil six cens quatre-vingt-un, le Jeudi 24 jour de Juillet de matin en la Chambre du Conseil du Bailliage & Siége Préfidial de Rouen, devant Nous Marc-Antoine de Brevedent, Chevalier, Conseiller du Roi, Lieutenant-Général audit Bailliage, & Prefident au Siége Préfidial dudit lieu : Sur la Requête à Nous prefentée par Loüis le Dain, Jean Noël, Claude Morin & Loüis Bacheler, Maiftres Ecrivains Experts Jurés-Vérificateurs en cette dite Ville de Rouen, expofitive que leur Communauté auroit été par le paffé toujours divifée, & les Maîtres en mauvaife intelligence les uns contre les autres, à caufe

A 2

de la trop grande facilité que quelques-uns d'iceux avoient
à incliner pour la réception des Afpirans à ladite Maîtrife,
& des brigues qu'ils faifoient pour faciliter leurs Exámens;
Ce qui auroit donné lieu aux Maîtres mieux intentionnés
d'intenter plufieurs Procès en conféquence pour réprimer
cet abus, dont il feroit intervenu plufieurs Arrêts de la
Cour de Parlement qui en juftifie la verité, & notamment
contre les nommés Gouet & Bit, en date des 23 Décembre
1669. & 9 & 13 Juin 1671. ci-attachés avec plufieurs
autres à ladite Requête, lefquels caffent leurs Chefs-
d'œuvres & Sermens furpris en conféquence, ordonnans
qu'ils fe rendroient plus capables, pour enfuite fe prefenter
devant les Maîtres pour faire les Expériences & fubir les
Examens requis; lefquels Arrêts n'ayans pû faire contenir
lefdits Maîtres mal intentionnés, qui étoient toujours en
més-intelligence avec les autres, les ont néanmoins avec le
tems fait réfléchir fur cette dés-union qui leur étoit rui-
neufe, & qu'il falloit fe réconcilier & rémédier à cela; à
quoi étans parvenus par les voyes de douceur, tous les
Maîtres fe font réunis, & après plufieurs Affemblées, Con-
férences & Délibérations, ont fait & dreffé les Articles &
Réglemens ci-après inferés à l'inftar de ceux des Maîtres de
Paris, pour établir à l'avenir un bon ordre, tant dans l'inftruction des Afpirans à ladite Maîtrife, que dans leurs
Chefs-d'œuvres & Examens : Vû lefquels Statuts & Réglemens, enfemble plufieurs Arrêts autres que ceux ci-deffus
& plufieurs anciennes Sentences de ce Siége, attachés à

ladite Requête; toutes lefquelles Piéces attribuent aufdits
Maîtres feuls le pouvoir d'exercer ledit Art; Conclufions du
Procureur du Roi étant au pied de ladite Requête, dont de
tout lecture a été faite : Nous avons du confentement dudit
Procureur du Roi, lefdits Articles & Réglemens dudit Art
d'Ecriture, déclaré homologués; ordonne qu'ils feront re-
giftrés au Greffe de ce Siége, pour fervir de Statuts à tous
lefdits Maîtres, pour être obfervés felon leur forme & teneur,
defquels Articles la teneur s'enfuit.

Articles & Réglemens.

*Faits & arrêtés par tous les Maîtres Ecrivains
Jurés Vérificateurs de la Ville de Rouen, après
avoir été par eux dreſſés, revûs & examinés en
la Chambre de leur Communauté, pour ètre
obſervés, entretenus & exécutés de point en
point ſelon leur forme & teneur, ſous l'autorité
de Juſtice, ainſi qu'il enſuit.*

I

TOus les Maîtres Ecrivains Jurés Vérificateurs de cette
Ville de Rouen, tant anciens que jeunes, chacun à leur
tour, ſuivant l'ordre de leur réception, en commençant par
les anciens, feront dire par dévotion tous les quatriémes
Dimanches du mois une Haute-Meſſe en l'Egliſe Paroiſſiale
de S. André de Rouen en l'honneur de Dieu, de la
Ste Vierge, & du glorieux S. Caſſian Evêque & Martyr, leur
Patron, ſans s'en pouvoir diſpenſer, même y être contraints
en cas de réfus par toutes voyes dües & raiſonnables,
comme auſſi d'y aſſiſter ſur peine de cinq ſols d'amende

aplicables aux frais de ladite dévotion, s'ils n'ont excufe légitime.

I I.

Toutes les Affemblées touchant les affaires de lad. Communauté, feront faites en la Chambre du Doyen, qui fera tenu de faire avertir tous les Maîtres d'icelle, parce que ceux qui ne s'y trouveront pas à l'heure donnée, fans excufe légitime, payeront 30 fols d'amende pour les affaires de lad. Communauté; & en cas d'empêchement preffant, ils feront tenus de s'informer au Doyen du fujet de lad. Affemblée, & d'envoyer leurs fuffrages figné de leur main chez led. Doïen, & fera obligé le Clerc de certifier & figner la Lifte qui lui aura été donnée, & laiffera des Billets chez les Maîtres qu'il n'aura pas trouvés, dont il fera un *Nota* fur la Lifte.

I I I.

Qu'en toutes les Affemblées, tant des 12 Maîtres en charge, que de tous les Maîtres en général, on fera tenu d'écrire un Acte fur un Regiftre, que lefdits Maîtres feront obligés d'avoir pour cet effet, lequel contiendra les fins & fujet de l'Affemblée, & enfuite écrire la délibération qui fera fignée fur le champ & fans remife, fur peine de trois liv. d'amende contre les refufans de figner, & défenfes de faire aucunes affemblées que le préfent Article ne foit exécuté pour éviter aux abus.

I V.

Que toutes les voix des Parens concluans à même fin, ne

feront comptées que pour une, & qu'aux élections qui fe feront, les Parens ne pourront donner leur fuffrage à leurs Parens.

V.

Que les Maîtres fe porteront honneur & refpect en ladite Chambre & en tous autres lieux, & particuliérement les jeunes aux anciens, & tiendra chacun fon lieu & place fuivant fon ordre de réception.

V I.

Que de trois ans en trois ans, la Semaine d'après Quafimodo, il fera procédé à la pluralité des voix en général, à l'élection de trois Maîtres, pour être Gardes, qui auront les qualités réquifes & néceffaires pour gérer les affaires dé lad. Communauté, & avoir voix délibérative ainfi que les trois autres Maîtres élûs en précédent, qui refteront honoraires, & feront avec les fix anciens le nombre de douze Maîtres, lefquels auront le pouvoir d'examiner les Afpirants lors des Chef-d'œuvres & réceptions.

V I I.

Qu'aucun des douze Maîtres en charge ne pourra fe mêler d'inftruire ni prefenter aucun Afpirant à la Maîtrife, pour éviter aux brigues qui fe pourroient faire entre lefd. Maîtres en charge.

V I I I.

Que nul ne pourra être reçû à ladite Maîtrife qu'à 21 ans.

I X.

Que le Maître qui entreprendra l'inftruction de quelque
Afpirant

Afpirant, fera tenu d'en avertir le Doyen, lequel fera affembler les Maîtres en charge pour en délibérer ; & au cas qu'il
fût reçu à l'entreprendre, fera tenu ledit Maître Préfentateur de figner la délibération qui en aura été faite, &
d'aporter le Baptiftaire avec une atteftation de vie & mœurs,
Réligion Catholique, Apoftolique & Romaine de fondit
Afpirant, fignés du Sr Curé de la Paroiffe où il demeure.

<h2 style="text-align:center">X.</h2>

Que ledit Maître ne poura pourfuivre la réception de fon
Afpirant, fi ledit Afpirant n'eft inftruit autant qu'il le doit
être fur la Théorie & pratique de l'Ecriture, après quoi il
fera par lui conduit chez le Doyen, auquel il prefentera fix
Piéces de chaque écriture, tant ancienne que moderne, avec
tous les Cadeaux & Alphabets, le tout joint à fa requête, à
laquelle feront attachés lefdits Baptiftaire & Atteftation ci-
deffus, pour juftifier fa Religion & fon âge ; enfuite de quoi
ledit Doyen fera affembler les douze Maîtres, pour en délibérer, & en cas qu'il fe trouve capable, fa Requête fera ré-
ponduë, & jour donné pour faire fon expérience, & feront
lefdites Piéces de fon Ecriture paraphées par les Maîtres en
charge, & mifes au Coffre de ladite Communauté. Et s'il
arrive que ledit Afpirant ne foit pas jugé capable de faire
fon expérience & fubir les examens, il fera renvoyé pour fe
perfectionner, ce qui fera enregiftré & figné par lefdits
douze Maîtres.

<h2 style="text-align:center">X I.</h2>

Que pour faire affembler toute la Communauté au jour

dorné pour l'expérience, le Préfentateur menera & accompagnera ledit Afpirant chez les douze Maîtres en charge, pour les avertir & leur donner à chacun un livre de Piéces de toutes les écritures ci-après mentionnées, & feront lefd. Pièces compofées au moins de fix lignes chaque, & enfuite le Clerc conduira ledit Afpirant fans fon Préfentateur chez les autres Maîtres particuliers, pour les inviter à ladite expérience au jour donné, & leur donnera à chacun deux Piéces d'Ecriture, tant financiére, que bâtarde, de la quantité de lignes cideſſus fpécifiées.

X I I.

Que l'expérience des Afpirans à lad. Maîtrife fe fera pendant trois jours entiers en prefence de tous les Maîtres en général.

X I I I.

Au premier jour l'Afpirant prefentera fon Chef-d'œuvre compofé de plufieurs Piéces chacune de 8 lignes d'Ecriture, tant ancienne que moderne, le fujet duquel Chef-d'œuvre lui aura été donné par les douze Maîtres en charge, qui pour cet effet fe feront conciliés ; ce qu'étant vû & examiné, ledit Afpirant taillera fes plumes, dont il écrira au moins deux lignes de chaque forte defd. écritures ci-après, qui lui feront propofées par lefd. douze Maîtres en charge fuivant l'ordre de leur réception : fçavoir, Lettre de forme, Lettre Romaine, Lettre de compte, Lettre financiére & minute, tant ancienne que moderne, avec leurs abrèviations : Lettre formate, Lettre Italienne pochée ; Lettre bâtarde ;

Italienne Françoife, avec leurs Cadeaux & Alphabets ;
Lettres Capitales & Majufcules ; le tout fans qu'il fe puiffe
fervir de régle, ou d'autre artifice.

X I V.

Au fecond jour, led. Afpirant écrira toutes les demandes
qui lui feront faites par lefd. douze Maîtres fuivant leur
ordre de réception, fur les proportions de chaque Ecriture,
effets de la Plume, liaifons & des mouvemens aufquels il
fera fes réponfes par écrit ; & ne fera permis à aucun
maître, tant en charge que particulier, d'aprocher dud.
Afpirant pour lui fugérer aucune chofes desd. réponfes, fur
peine de 30 fols d'amende pour les pauvres.

X V.

Le troifiéme jour il fera examiné fur l'Orthographe,
Arithmétique, & fur les Vérifications, dont il dreffera fur
les fujets qui lui feront propofés, les moyens de faux de la
réfultance de l'Art, & fon avis en forme de Conclufion de
Procès-verbal, le tout dans ledit jour, lefquelles expériences
de Chef-d'œuvre & réponfes ci-deffus, feront paraphées au
bas de chaque page par lefdits Maîtres en charges, & d'eux
fignées & paraphées à la fin dé chaque jour, ainfi que du
Préfentateur & de l'Afpirant.

X V I.

Après les trois jours d'expérience, les douze Maîtres en
charge délibéreront de la capacité de l'Afpirant, & les voix
des Parens en charge, qui ne paffent que pour une à caufe
de leur parenté, ou pour caufe d'abfence, feront remplies

par celles des jeunes Maîtres prefens, fuivant leur ordre de réception; & s'il est trouvé capable d'être Maître, il fera par eux conduit devant Nous, pour prêter le ferment ordinaire, & fera dire la Haute-Meſſe de dévotion de S. Caſſian en lad. Eglife de S. André, le prochain quatriéme Dimanche du mois d'après fa réception.

X V I I.

Il fera payé par l'Afpirant, après la délibération de fa réception à ladite Maîtrife, pour chaque jour entier & Vacations defdits douze Maîtres aſſemblés pour cet effet, à chacun la fomme d'un Ecu, & pour les Maîtres particuliers chacun 15 fols; en outre il payera pour le Coffre de la Communauté 4. Ecus, avec 2. Ecus pour la Chambre du Doyen, & pareille fomme de deux Ecus pour les Pauvres du Bureau.

X V I I I.

Que les Fils de Maîtres feront reçûs après avoir prefenté un demi Chef-d'œuvre, & fubi un leger examen, & feront préférés à tous autres Afpirans, pour faire leur expérience, qui fera terminée en un feul jour. Et en cas qu'un Maître décédât, & laiſſât un ou pluſieurs Fils, en faifant aparoir au Doyen, que ces Fils de Maîtres ont l'âge requis, & font capables de faire un demi Chef-d'œuvre, il les prefentera à ladite Maîtrife, & y feront reçûs comme dit eſt, & ne payeront en tout cas que le tiers des frais ordinaires defdits douze Maîtres, à l'excluſion des autres Maîtres, qui feront tenus de s'y trouver *gratis*.

X I X.

Que les Fils de Maîtres âgés de 18 ans, après le décès de leur Pere, auront la liberté en demeurant chez leur Mere pendant fa viduité, d'y enfeigner l'Ecriture & l'Arithmétique, pour aider à la fubfiftance de leurdite Mere, quand même ils n'auroient pas l'âge requis, pourvû qu'ils en ayent la capacité, & qu'ils fe foient faits agréer de la Communauté, avec foumiffion de fe prefenter à la Maîtrife lorfqu'ils feront en âge, de s'y faire recevoir aux conditions des Fils de Maîtres. Mais s'il fe trouve qu'un Fils de Maître ne fe comporte pas bien avec fa Mere, étant Veuve, & qu'il fe féparât d'avec elle, pour lors il perdra la liberté qui lui avoit été accordée d'enfeigner, & ne lui fera redonnée qu'après qu'il aura fait fon expérience, comme Fils de Maiftre.

X X.

Que les Filles de Maiftre aynat époufé un particulier, n'étant de la Jurande, joüiront du privilége des Fils de Maiftres, en ce que celui qu'elles auront époufé, ayans les qualités requifes à un homme de bien & de capacité, poura fe prefenter à lad. Maîtrife, & y fera reçû aux mêmes conditions que les Fils de Maîtres.

X X I.

Ladite Communauté fera obligée d'avoir un Regiftre, dans lequel chaque Maître fera tenu de fe faire immatriculer dans le tems d'un mois du jour de fa réception ; & même fera fait un Tableau, où les noms des Maîtres feront

apofés fuivant l'ordre de leur réception, lequel Tableau fera mis dans la Chambre du Doyen lorfque les affemblées
fe feront; en outre feront lefd. Maîtres obligés d'aporter
dans le mois d'après l'homologation defdits Réglemens
toutes les Piéces & Ecritures concernant lad. Communauté,
pour en faire un Inventaire général, & lefd. Piéces feront
mifes au Coffre pour y avoir recours quand befoin fera;
toutes lefquelles Piéces feront récenféés fur l'Inventaire de
trois ans en trois ans le jour de l'Election des trois Gardes,
lequel récenfement fera par eux figné avant que de prêter
Serment.

X X I I.

Défenfes faites à toutes perfonnes autres que lefd. Maîtres
de quelque qualité qu'elles puiffent être, d'enfeigner à
écrire & tenir Ecoles publiques ni particuliéres. ni même
d'enfeigner en Ville, à peine de cent livres d'amende, apli-
cable un tiers au Roi, le fecond pour les Pauvres du Bureau, & le troifiéme pour les affaires de ladite Communauté, fans que lefdites défenfes ayent lieu à l'égard des Ecoles
publiques de Charité pour les Pauvres de la Ville de
Rouen.

X X I I I.

Pareilles défenfes font faites aux Prêtres & autres enfei-
gnans la Langue Latine, d'enfeigner à écrire fur peine de
ladite Amende, ni de faire enfeigner en leur maifon que
par les Maîtres Jurés dudit Art, comme il leur a été défen-

du par les Statuts de Monfeigneur le Cardinal d'Amboife,
Archevêque de Rouen, ratifiés par feu Monfeigneur de Harlay, en fon Palais Archiépifcopal dudit Rouen, le 27 Février 1641. fignés François de Harlay. Et plus bas ; Ridel,
avec un Paraphe, ainfi qu'il eft porté par l'Article VI. en
ces termes : Nuls Prêtres ne pouront enfeigner l'Art
d'Ecriture, ni l'Arithmétique, cela étant défendu & réfervé,
fuivant les Arrêts de la Cour, aux Maîtres Ecrivains-Véri-
ficateurs reçûs par expérience & Chef-d'œuvre en ladite
Ville de Rouen, pour vérifier les Ecritures & Signatures
en queftion entre les Parties.

X X I V.

Qu'il fera nommé un Maître tous les ans le jour de
S. Caffian, pour recevoir l'argent du Coffre provenant des
réceptions des Maîtres, ainfi que celui des amendes & des
quêtes, lequel en tiendra bon & fidéle Regiftre, & en rendra
compte le Jeudi vacant d'après ladite Fête entre les mains
du Maître qui fera élû l'année enfuivante en prefence des
douze Maîtres en charge pour éviter aux abus.

X X V.

Qu'aucun Maiftre ne poura expofer Montres ni Tableaux d'Ecriture à l'ordinaire des Maîtres Ecrivains,
ailleurs que devant fa porte, qu'ils ne foient de fon deffein
& de fa façon, ni donner ou envoyer par les Maifons
billets écrits burinés ou imprimés, ni même en afficher
aux lieux publics, pour indiquer fa demeure ou profef-

fion d'Ecriture, à peine de dix livres d'amende pour les pauvres.

X X V I.

Que le Coffre de la Communauté fera tranfporté alternativement chez le Doyen entrant en charge, pour y être fidèlement & furement gardé, dont une des clefs lui fera baillée, & l'autre l'ancien des trois Gardes en charges, fans que ledit Coffre puiffe être ouvert qu'en la prefence defdits Anciens & Gardes qui y feront apellés, & s'y trouveront, s'ils avifent que bien foit.

X X V I I.

Sera tenu le Doyen de faire obferver & garder les prefents Statuts & Réglemens de point en point en tout leur contenu felon leur forme & teneur, dont il en fera imprimé Copies aux dépens de la Communauté, que led. Doyen donnera à chacun defdits douze Maîtres de lui fignés par collation, à ce qu'aucun n'en ignore ; Fait & délibéré d'avis uniforme de tous lefdits Maîtres affemblés en lad. Chambre de la Communauté de cettedite Ville de Roüen le 16 jour de Juillet 1711. fignés Fatin, le Dain, Noël, M. le Bourg, le Cauchois, l'Hérable l'aîné, Duprey, l'Hérable le jeune, Rouffel & Lucas, avec paraphes, *& au deffous eft écrit*, Vû lefdits Statuts, Nous déclarons n'avoir rien remarqué que de conforme à l'ufage & Ordonnances, s'il plaît à Sa Majefté d'en accorder la confirmation. Fait à Roüen ce 23 Juillet 1711. figné le Pefant avec paraphe.

raphe. *Et à côté est écrit*, lesdits Statuts ont été regiſtrés ès Regiſtres de la Cour pour en joüir par lesdits Impétrans conformément à iceux, ſuivant l'Arrêt de la Cour de ce jourd'hui à Roüen en Parlement le 17 de Février mil ſept cens douze, ſigné Bréant avec un paraphe.

Copie de la Requête,

En conféquence de laquelle, Monfieur le Lieute-
nant Général a mis fon Vifa du même jour &
date d'icelle au pied defdits Statuts.

A Monsieur le Lieutenant-Général Civil & de Police
au Bailliage & Siége Préfidial de Rouen, fuplient
humblement les anciens Maîtres & Gardes Ecrivains, Experts Jurés-Vérificateurs en ladite Ville de Rouen, difant
que lorfqu'ils étoient à la pourfuite de l'homologation de
leurs Statuts pardevant le Roi, où ils ont été renvoyés par
la Cour de Parlement dud. Rouen fur les Conclufions de
Monfieur le Procureur Général, en date du 22 Juin 1709.
il eft intervenu un Arrêt du Confeil d'Etat du Roi le 3 Mars
dernier, qui autorife les Juges de Police à pourvoir & ré-
gler les Maîtrifes d'Arts & Métiers, en vertu duquel on auroit aufdits Suplians renvoyé leurfdits Statuts homologués
en ce Siége le 24 Juillet 1681, pour être récrits fur un nouveau Formule avec les augmentations de tels Articles qu'ils
trouveront conformes à leurs intéréts, aux fins de vous être

de nouveau iceux reprefentés, pour être par vous mondit fieur revûs & aprouvés, afin d'être inceffamment renvoyés au Roi pour l'expédition de l'homologation defdits Statuts; A ces caufes, mondit Sieur, vû lefdits Statuts & Arrêts du Confeil, ci-attachés, il vous plaife délibérer fur lefdits Statuts, & après laquelle expédition renvoyer lefdits Suplians au Confeil pourfuivre ladite homologation, & vous ferez juftice. Signés le Dain, Noël, l'Hérable l'aîné, avec paraphes, *& au deffous eft écrit*, foit communiqué au Procureur du Roi, ce 23 Juillet 1711. figné le Pefant avec paraphe, *& plus bas*, vû la prefente Requête, Statuts homologués en ce Siége du 24 Juillet 1681. & augmentation defdits Statuts dreffés fuivant l'Arrêt du Confeil du 3 Mars 1711. le Procureur du Roi n'empêche que les Suplians foient autorifés de prefenter au Roi lefdits Statuts et augmentations d'iceux, comme étans conformes audit Art, pour après requérir ce qu'il apartiendra. Fait ce 23 Juillet 1711. figné Germain, avec paraphe; *& au deffous eft écrit*, foit fait fuivant les Conclufions du Procureur du Roi, ce 23 Juillet 1711. figné le Pefant, avec paraphe. I

LETTRES PATENTES
PORTANT CONFIRMATION
DESDITS STATUTS.

LOUIS par la grace de Dieu, Roi de France & de Navarre : A tous prefens & avenir, Salut. Par Arrêt de nôtre Confeil d'Etat du 3 Mars de la prefente année 1711. rendu en conféquence de notre Déclaration du 6 Mai 1710. Nous avons ordonné que nos Officiers de Police pouront admettre à la Maîtrife tous Particuliers exerçans quelques Profeffions, Commerces, Arts & Métiers, fans aucuns excepter, qui ne feront pas établis dans les Villes & lieux de leur Reffort en Maîtrife & Jurande par nos Lettres Patentes, ou des Rois nos Prédeceffeurs, en payant à Loüis le Liévre chargé du recouvrement de la Finance des Offices, créés pour parapher les Regiftres des Corps & Communautés d'Officiers à bourfe commune, & ceux des Marchands & Artifans par notre Edit du mois de Novembre 1706. & réunis aufdits Corps & Communautés par notre Déclaration du 18 Octobre 1707. Que par Jacques Clement, chargé du recouvrement de la Finance de deux Maîtres Jurés, créés dans chaque Corps des Marchands, Communautés & Professions d'Arts & Métiers, sous le titre de Gardes des Archives desdits Corps & Communautés par notre Edit du mois d'Août 1709 & réunis par notre Déclaration dud. jour 6 Mai 1710. les sommes portées par les Rôles arrêtés en notre Conseil en exécution desdits Edits & Déclarations, auxquels Particuliers ainsi établis en Maîtrise & Jurande, pour composer à l'avenir des Corps & Communautés de leurs Commerces, Arts, Métiers & Professions, & aurions entendu que conformément à notre Edit du mois d'Août 1709. il leur seroit arrêté en notre Conseil des Statuts sur l'avis de nos Officiers de Police, en conséquence desquels toutes Lettres nécessaires leurs seroient expédiées en notre grande Chancellerie, & icelles regiftrées dans nos Cours, pour conserver & maintenir lesdits Particuliers dans l'exercice de leurs Commerces, Arts, Métiers & Professions, avec défenses à tous autres de les y troubler, & d'entreprendre sur lesd. Professions, Arts, Métiers & Commerces, ainsi qu'il se pratique dans les autres Corps des Marchands & Communautés d'Arts & Métiers établis par nos Lettres Patentes, ou des Rois nos Prédecesseurs, suivant lesquels Edits, Articles & Déclarations, les Maîtres Ecrivains Jurés-Vérificateurs de notre Ville de Rouen, nous ont fait remontrer, que pour faire cesser les abus qui se commettent journellement dans l'exercice de leur Art & Profession par le peu d'expérience que ceux qui l'entreprennent ont des régles dudit Art, ils ont dreſſé des Statuts & Réglemens en l'année 1681. qu'ils ont corrigés & augmentés en 27 articles, pour être obſervés entr'eux, & en conformité dudit Arrêt de notre Conſeil du 3 Mars dernier, il les auroient preſentés à notre cher & bien amé le Lieutenant Général Civil & de Police au Bailliage & Siége Préſidial de Roüen qui les auroit aprouvés le 3o de Juillet dernier, s'il nous plaiſoit les confirmer, dont ils nous ont très-humblement fait ſuplier leur vouloir accorder nos Lettres à ce néceſſaires, & voulant favorablement traiter la Communauté des Maîtres Ecrivains Jurés-Vérificateurs de la Ville de Roüen. A ces Causes, après avoir fait voir en notre Conſeil leſdits Statuts contenans 27 articles ci-attachés ſous le Contre-ſcel de notre Chancellerie, avec lad. Ordonnance du Lieutenant de Police de Rouen, de l'avis de notredit Conſeil, & de notre grace ſpéciale, pleine puiſſance & autorité Royale, nous avons conformément audit Arrêt rendu en icelui le 3 Mars dernier, dont un imprimé eſt auſſi ci-attaché, & autres Déclarations & Arrêts rendus en conſéquence, agréé & confirmé & par ces Preſentes ſignées de notre main, agréons & confirmons leſdits Statuts & Réglemens au nombre de 27 articles, pour être exécutés ſelon leur forme & teneur, ſans qu'il y puiſſe être contrevenu pleinement & paiſiblement, pourvû toutefois que dans leſdits Statuts il n'y ait rien de contraire à nos Ordonnances & Réglemens, même aux Uſages & Coutume des lieux, ni de préjudiciable à nos droits & à ceux d'autrui,

faifons très-expreffes inhibitions & défenfes à toutes perfonnes de les y troubler fur telles peines & amendes qu'il
apartiendra, Si donnons en Mandement à nos Amés &
Féaux Confeillers, les Gens tenans notre Cour de Parlement de Rouen, Baillif dudit lieu fon Lieutenant Général,
& autres nos Officiers qu'il apartiendra, que ces Prefentes
ils faffent regiftrer, de leur contenu joüir & ufer lefdits
Expofans & leurs Succeffeurs en ladite Communauté,
pleinement, paifiblement & perpétuellement, ceffant & faifant céffer tous troubles & empêchemens contraires. Car
tel eft notre plaifir, & afin que ce foit chofe ferme & ftable
à toujours; Nous avons fait mettre notre Scel à cefdites
Prefentes. Donné à Verfailles au mois de Décembre, l'an
de grace 1711. & de notre régne le 69. Signé LOUIS, &
fur le repli par le Roi, PHELIPEAUX. *Vifa*, Phelipeaux pour
confirmation des Statuts des Maîtres Ecrivains de Roüen,
& fcellé du grand Sceau de Cire verte, avec un Contrefcel,
& à côté, lefdites Lettres Patentes ont été regiftrées ès Regiftres de la Cour, pour en jouir par les Impétrans, conformément à icelles, fuivant l'Arrêt de la Cour de ce jour-
d'hui, à Rouen en Parlement la Grand'Chambre affemblée
le 17 Février 1712. Signé Breant, un paraphe.

ENSUIT L'ARREST DE LA COUR
qui ordonne l'Enregiſtrement deſdits Statuts

Extrait des Regiſtres de la Cour de Parlement.

VEU par la cour la Grand'Chambre aſſemblée, la Requeſte preſentée à icelle par la Communauté des
Maîtres Ecrivains Experts Jurez Verificateurs en cette Ville
de Roüen, à ce qu'il plaiſe à ladite Cour ordonner que les
Lettres Patentes à eux accordées par Sa Majeſté à Verſailles
au mois de Décembre dernier, portans confirmation des
Statuts & Réglemens deſdits Maîtres Ecrivains Experts
Jurez Verificateurs, enſemble leſdits Statuts feront enre-
giſtrez és Regiſtres de la Cour, pour être éxécutez ſelon
leur forme & teneur, & joüir par leſdits Maiſtres Ecrivains
de l'effet d'icelui Arrét étant ſur ladite Requête en date du
11. de ce mois, leſdits Statuts contenans 27. Articles, Ordonnance renduë par le Lieutenant Général au bas d'une
Requeſte à luipreſentée par leſdits Maiſtres Ecrivains le 23.
Juillet dernier, qui renvoye leſdits Maiſtres Ecrivains au
Roy, ſuivant l'Arrét du Conſeil du 3. Mars dernier, leſdites
Lettres Patentes ci-deſſus dattées. Concluſions du Procureur General du Roy, & oüi le Raport du ſieur de Croſ-
ville

ville Conseiller Commissaire, tout considéré, LA COUR,
la Grande Chambre assemblée, a ordonné & ordonne que
lesdits Statuts & Lettres Patentes obtenuës en conséquence,
seront enregistrés és Regiftres de lad. Cour, pour être éxécutez selon leur forme & teneur, & joüir par les Impétrants
de l'effet d'icelles. Fait à Roüen en Parlement le 17. Février 1712. signé Breant, collationné Thierry chacun un
paraphe. Godier Procureur.

Collationné aux Originaux par moi Doyen de la Communauté desdits Maîtres Ecrivains Jurez Experts, Verificateurs en cette Ville de Roüen, souffigné le   jour de

Les présents Statuts avec leurs Lettres Patentes
d'homologation, & l'Arrêt de la Cour d'Enre-
gistrement, ont été obtenües à la diligence de
Mes Loüis le Dain, Jean & Nicolas l'Herable,
année présente 1712.

FIN.

Avant la Révolution il n'y avait point, à Rouen, d'écoles publiques, pour ce que nous appelons présentement l'enseignement primaire, en dehors des écoles de charité destinées aux pauvres, dont la fondation remontait au XVIᵉ siècle. Cette sorte d'enseignement était abandonnée aux membres de la communauté des Maîtres écrivains, auxquels leur qualité assura pendant longtemps un véritable privilége, au préjudice de tous autres et même des ecclésiastiques qui s'adonnaient à l'enseignement du latin. Ce fut sans succès, que dans le cours du dernier siècle, cette communauté, envieuse des progrès soutenus des Frères de la Doctrine chrétienne, qui étaient devenus, par la force des choses, les héritiers des écoles de charité, essayèrent d'en organiser à leur tour. Il leur fallut bientôt revenir aux anciens usages, que nous ont fait connaître les Règlements donnés par le cardinal d'Amboise et confirmés par l'archevêque François de Harlay. Les Maîtres écrivains continuèrent d'avoir leur clientèle; mais, à proprement parler, ils n'ouvrirent pas de classes publiques. Ils paraissent, du reste, avoir été assez nombreux pour assurer le bienfait de l'instruction, d'une manière assez peu onéreuse, à un grand nombre d'enfants. D'après les *Tableaux de Rouen*, sortes d'Annuaires publiés avant 1789, il y avait dans cette ville, de 37 à 41 Maîtres écrivains jurés et vérificateurs d'écriture, entre 1774 et 1779. A la même époque, et en dehors du collége, on comptait de 12 à 14 ecclésiastiques, maîtres de pension.

On remarquait, parmi eux, en 1779, l'abbé Stuart, qui prétendait descendre de la maison royale de ce nom, et dont la famille s'était retirée en France avec le Prétendant (1).

Les Statuts et règlements de la communauté des Maîtres écrivains furent homologués au bailliage de Rouen le 24 juillet 1681, et confirmés par lettres patentes du Conseil d'Etat du Roi, du mois de décembre 1711, enregistrées au Parlement le 17 février 1712.

C'est ce document, imprimé à Rouen, chez la veuve Jore, en 1742, que nous réimprimons d'après l'exemplaire conservé aux Archives de la Chambre de commerce de Rouen, qui nous a été obligeamment communiqué par M. Templer, secrétaire-archiviste.

Nous nous contenterons de mentionner deux pièces qui ont été annexées à ces Statuts et comprises sous la même reliure, à savoir : un Arrêt du Parlement rendu entre les Maîtres et les gardes écrivains de la ville de Rouen et Maîtres Adrien De la Mare et Nicolas Mallet, prêtres de cette ville, du 24 janvier 1716, arrêt qui ordonne que les statuts obtenus par les Maîtres écrivains

(1) Archives de la Seine-Inf., C. 80.

seront exécutés selon leur forme et teneur, et, en conséquence,
fait défense à ces ecclésiastiques d'enseigner à Rouen l'art d'é-
criture; — 2° une Sentence du lieutenant général de police,
Jacques Billard de Nainville , qui ordonne la suppression d'un
livre intitulé : *Compilation ou détail abrégé de ce que Jean
Bonnet, Maître écrivain juré en cette ville de Rouen, enseigne
à ses disciples,* 23 juin 1742. Il avait été reconnu, sur la requête de la communauté, que par l'article 25 de ses statuts, aucun Maître n'avait la liberté de donner ou envoyer par les maisons
billets écrits, burinés ou imprimés ni d'en afficher en lieux pu-
publics, pour indiquer sa demeure ou profession, à peine de 10 l.
d'amende pour les pauvres. Bonnet avait notablement contrevenu à cette disposition en s'avisant, « pour faire pratique et
se donner du nom, de s'annoncer au public par un livre imprimé, qu'il distribuait partout et que même il avait fait afficher. »

La Communauté des Maîtres écrivains, supprimée par l'édit
de février 1778, fut rétablie par lettres patentes du 17 juillet
1779, dont le deuxième article portait « que ceux qui seraient
reçus Maîtres jouiraient, seuls et à l'exclusion de tous autres, du
droit de tenir classe publique pour y enseigner l'écriture,
l'arithmétique et les objets dépendans de la dite profession ;
comme aussi de faire la vérification des écritures en justice, sans
que, pour raison du dit privilége, ils pussent empêcher les écrivains de la dite ville, qui ne seraient reçus dans la dite
communauté, d'aller donner des leçons en ville chez les particuliers, et de travailler de leur état. »

Les Maîtres écrivains sollicitèrent en vain la suppression de cette seconde disposition. On considéra que l'art de l'écriture faisait une partie essentielle de l'éducation, qu'on ne pouvait donner trop de facilités aux pères de famille pour l'instruction de leurs enfants, et qu'il importait que cette instruction fût rendue aussi peu coûteuse que possible.

Réduit de la sorte, le privilége des Maîtres écrivains était, il faut en convenir, bien peu important. Ainsi que l'indiquait l'Intendant M. de la Michodière, dans une lettre à M. de Tolozan, en 1779, « l'objet le plus lucratif pour les Maîtres écrivains était d'aller donner des leçons en ville ; il n'y avait tout au plus que trois d'entre ceux qui étaient Maîtres qui tinssent des écoles publiques ; encore étaient-elles presque désertes, parce qu'il n'était pas un citoyen aisé qui ne préférât de faire venir un écrivain chez lui à envoyer ses enfants aux écoles, les seules qui fussent fréquentées étant celles où l'on instruisait gratuitement les pauvres ». D'où il était résulté, ajoutait-il, « que le nombre des écrivains non Maîtres s'était multiplié en raison de la préférence qu'on donnait aux leçons particulières (1). »

Ce ne fut qu'à une époque postérieure que l'on préféra définitivement, pour toutes les classes de citoyens, l'instruction publique à l'instruction privée.

Ch. de B.

(1) Archives de la Seine-Inf., C. 143.

LE NORMAND

SOURD, AVEUGLE ET MUET

Ensemble un Dialogue entre Jean qui sait tout
et Thibaut le Natier,

PRÉCÉDÉ D'UNE INTRODUCTION

PAR

C. DE BEAUREPAIRE.

ROUEN

IMPRIMERIE DE HENRY BOISSEL

M.DCCC.LXXX.

INTRODUCTION

Le personnage dont la fin tragique donna lieu à la composition de ce petit livret, est si connu que ce serait nous exposer à un juste reproche que d'en parler avec quelque détail. Nous ne nous méprenons pas sur la valeur de ce mince opuscule; nous n'ignorons pas qu'il appartient à la classe des curiosités littéraires plutôt qu'à celle des documents historiques, et qu'une étude approfondie, sous le titre d'Introduction, serait ici tout à fait hors de propos.

On sait que, florentin de naissance, et de famille assez médiocre, Concino Conchini était venu en France à la suite de Marie de Médicis ; qu'il gagna complétement sa faveur par son mariage avec une des femmes de chambre de cette princesse, Eléonora Galigaï. Après la mort de Henri IV, il fit une fortune rapide. Il acheta le marquisat d'Ancre, se fit nommer gouverneur d'Amiens, premier gentilhomme de la Chambre, maréchal de France, (lui qui, de sa vie, n'avait pris part à la moindre action militaire), gouverneur de Picardie, et enfin lieutenant général pour le Roi en Normandie, sous le gouvernement purement nominal de la Reine mère. A peine en possession de cette province, il s'empressa d'y assurer son autorité, en faisant rétablir les fortifications de Quillebeuf, dont il était maître, et en se faisant donner le gouvernement de Pont-de-l'Arche. Par là il commandait le cours de la Seine et pouvait à son gré tenir en bride Rouen et Paris.

Tant de dignités, obtenues en si peu de temps, et sans aucun de ces services qui expliquent la faveur, excitèrent naturellement contre lui la jalousie de l'aristocratie, la défiance de la magistrature, l'indignation du peuple, toujours porté à s'en prendre aux favoris des rois de tous les malheurs qu'il éprouve. Concini s'était rendu odieux aux princes qu'il avait, par politique, écartés du Conseil : il ne sentit pas qu'il s'était rendu en même temps insupportable au Roi, dont il effaçait le prestige et dont il affectait d'absorber en lui toute l'autorité.

Cédant au conseil intéressé d'un jeune courtisan, dont l'ambition ne s'était pas jusque-là laissé apercevoir, Louis XIII prit enfin la résolution de s'affranchir d'un rival importun. Il donna l'ordre à Vitry de se saisir du maréchal d'Ancre. Cette commission ne fut que trop fidèlement exécutée. Le 24 avril 1617, Concini fut tué de plusieurs coups de pistolet sur le pont-levis du Louvre, au moment où il se rendait à la cour. Dans une lettre publique, qu'il écrivit aux principales villes du royaume pour les informer de cet évènement, le jeune roi crut devoir, par bienséance, se défendre d'avoir donné l'ordre de tuer le maréchal Mais s'il n'en avait pas donné l'ordre formel, il avait, ce qui revenait au même, laissé deviner que telle était bien sa volonté. On le comprit assez par la joie qu'il fit paraître lorsque le meurtre eut été accompli : il se présenta aux fenêtres du Louvre, et cria : *Grand merci ! Grand merci ! A présent je suis Roy !* Les soldats, qui furent envoyés par les rues de Paris, annoncèrent aux Parisiens la fin du gouvernement des favoris et l'émancipation de la royauté par ce cri à peu près semblable : *Vive le Roy ! le Roy est roi !*

C'est bien là aussi le sentiment que nous voyons exprimé dans une des pièces de notre livret.

> Une voix solitaire
> Alors vint demander :
> Qui a fait telle affaire ?
> Nostre Roy va parler.
> Dit en haute parolle,
> Qui fust sans nul effroy :
> *Je n'ay plus de controlle,*
> *Estant maintenant roy.*

Il fut roi, en effet, et roi absolu, mais peut-être pas de la manière dont il l'avait entendu, puisqu'il lui fallut subir pendant la plus grande partie de son règne le partage de son autorité avec un des conseillers de Concini,

l'évêque de Luçon, depuis cardinal de Richelieu ; pas
de la manière dont l'entendaient les princes, qu'une
main de fer réduisit au rang des autres sujets ; pas non
plus de la manière dont l'entendait le peuple, dont les
charges allèrent en s'aggravant

Bien que les historiens du xviiᵉ siècle, Bayle en particulier, aient tenté de justifier le meurtre du maréchal
d'Ancre, il est difficile de n'y pas voir un acte arbitraire,
dangereux et très condamnable : aussi convient-il d'observer qu'il trouva immédiatement sa punition dans les
passions féroces qu'il déchaîna, et qui se produisirent
impunément au grand jour, à la honte d'une nation qui
passait cependant pour civilisée.

La vengeance que le peuple exerça sur les restes du
maréchal eut quelque chose de véritablement ignoble.
Le cadavre fut déterré, traîné dans les rues, pendu par
les pieds à une potence, mis en pièces, vendu au détail
et brûlé. « Une troupe de taureaux furieux, dit à ce
propos un auteur (1), est aussi capable d'entendre raison
et est moins à craindre qu'une populace mutinée. »

Dans cette circonstance, le Parlement de Paris fit
preuve d'un zèle plus barbare qu'éclairé. Il procéda
contre la mémoire du défunt, qui fut déclaré convaincu
du crime de lèse-majesté divine et humaine, et contre sa
femme, qui fut condamnée à avoir la tête tranchée et
le corps réduit en cendres, comme coupable du même

(1) Voir le Dictionnaire de Bayle au nom *Concini*.

crime, et pour avoir judaïsé et s'être livrée aux pratiques de l'art magique.

Partout, du reste, ce fut le même acharnement contre les victimes.

Le petit livret que nous réimprimons, d'après l'exemplaire qui nous a été confié par notre obligeant confrère et ami M. St. de Merval (1), nous fournit le texte des chants par lesquels un poëte inconnu s'avisa de célébrer à Rouen, le meurtre du tyran, la délivrance du Roi, et, comme nous dirions aujourd'hui, l'ère de concorde et de paix qui ne pouvait manquer de s'ouvrir pour la France, depuis qu'un coup de vigueur avait fait disparaître l'ennemi du bien public.

Si tristes que soient ces rimes, elles rebutent moins le

(1) Il parut chez Abraham Saugrain, sous la date de 1617, deux éditions du *Normand sourd, aveugle et muet.* On les distingue en ce que l'une ne donne que sept vers au deuxième huitain de la première pièce, tandis que l'autre en donne huit, mais par la répétition, certainement fautive, du septième vers. Nous n'avons pu nous procurer l'écition originale qui avait été donnée à Rouen. Il paraît qu'il n'en existe pas d'exemplaire à la Bibliothèque nationale, où l'on rencontre une édition du même opuscule, de l'année 1623, sous ce titre embelli ou amplifié : « *Le Normand sourd, aveugle et muet, envoyé par Guillaume-sans-Peur sur ce qui s'est passé à Rouen, adressé aux bons François.* » La strophe en question y figure, également privée d'un de ses vers. Ces renseignements nous ont été fournis par notre obligeant président, M. Ch. Lormier.

Nous nous sommes fait une loi de respecter le texte de l'auteur ; mais nous n'avons pas pensé que cela dût aller jusqu'à conserver les erreurs de toute sorte qui fourmillent dans l'imprimé, qui en rendent la lecture inintelligible, et qui ne peuvent être que le fait d'un négligent typographe.

cœur et la raison que les félicitations qui furent adressées à Louis XIII par les échevins de Rouen et par le Parlement de Normandie.

Pour le poëte populaire, le Roi c'est David qui a tué Goliath : pour le Parlement, c'est Minos qui s'est tenu à l'écart pour converser avec Jupiter, et qui sort de son antre instruit par les Dieux dans l'art de gouverner les hommes ; c'est l'Hercule des Gaules, qui dompte les monstres et les serpents.

Les députés de Normandie, pour ne pas rester trop en arrière, vantent dans leur Cahier de 1617, la sagesse du Roi qui, « par une petite saignée, avec une prudence admirable, avoit tary des fleuves de sang qui commençoient à courir, et par la perte d'une teste, en avoit conservé un million, mis en repos plusieurs provinces, principalement celle de Normandie, où l'autheur des maux publics avoit éleu son domicile, et où il avait laissé le plus de marques et vestiges de son ambition. »

Notre grand poëte Malherbe ne disait-il pas à son tour en s'adressant à Concini :

> C'est assez que cinq ans ton audace effrontée
> Sur des ailes de cire aux étoiles montée
>   Princes et rois ait osé défier.
> La fortune t'appelle au rang de ses victimes,
> Et le ciel accusé de supporter tes crimes
>   Est résolu de se justifier.

LE
NORMANT
SOVRT, AVEV-
GLE ET MVET.

ENSEMBLE VN DICA-
logue entre Jean qui fçait tout &
Thibaut le Natier.

A PARIS,

Chez ABRAHAM SAVGRAIN, ruë
S. Iacques au deſſus de S. Benoiſt.

M. DC. XVII.

Iouxte la coppie Imprimée à Roüen, Auec permiſſion.

LE

NORMANT
SOVRT, AVEVGLE
ET MVET.

ENSEMBLE VN DICA-
logue entre Iean qui fçait tout
& Thibaut le Natier.

IE fuis fourt, aueugle & muet,
Et fi ie fçay bien des affaires.
Ie tiens dans ma main vn liuret
Duquel ie ne me foucie gueres.
Où eftes vous langues legeres,
Qui fçauez fi bien difcourir ?
Leuez l'aubert de vos paupieres,
Car il n'eft plus temps de dormir.
    La nature me fait fçauoir
Que nous allons auoir la guerre.
L'on voit par tout ceft eftranger
Venir affieger noftre terre :
Vn quidan que l'on tient en ferre
. . . .
Afin de brifer comme vn verre

A ij

4

Ces chaux Coyons d'Italiens.
    Tous les François font fort elmeus
Au temps prefent là où nous fommes,
Voyant des hommes incogneus,
Lefquels ne font pas Gentils-hommes.
A Dieu nos bleds, poires & pommes,
Qui croiffent au terroir Normand,
Eftant mangez par plufieurs hommes,
Portant ce beau nom de Gourmand !
    Le poiffon doux fe voit ià prins
Nourry dans le fleuue de Seine,
Et nos beaux bœufs à gras trotins
Vn Monfieur les tient à la chaine.
L'or & l'argent de ce domaine,
Va eftre feellé & bridé..
Où eftes-vous grand Capitaine?
Mal-heur de vous voir decedé!
    Pionniers font de toutes parts,
Auec picquois par nos campagnes,
Souftenus d'vn nombre de foldats
Venus des hautes Allemagnes.
François, gardons ceux des Efpagnes.
D'autant qu'ils font mauuais garçons.
Ils tiendront plus fort que des taignes,
Eftant entrez dans nos maifons.
    'Ie fuis fafché, belle Themis,
Qui laiffez fouler la patrie.
N'eftes-vous point des bons amis
De ce grand Coyon d'Italie?
Or, adieu pauure Normandie,
Si tu n'as bien toft du repos,
Pour foulager ta maladie,
Que fouffres portant trop d'impofts.

Où font les nobles du grand Mars,
Qu'ils ne deffendent la Prouince?
Seroient ils bien venus coüards,
 Pour en voir vn qui n'eft pas Prince?
Plufieurs font fubiects à la pince
Qui caufent nombre de dangers.
Gardons nous bien d'vne furprinfe
Et de deffante d'eftrangers.

 L'on dit que plufieurs Gouuerneurs,
Honorent le coyon Conchinè.
C'eft le fuiect de nos malheurs,
Si Quille-bœuf on ne ruine.
Prions cefte bonté diuine,
De feruir touiours noftre Roy.
Tel fe voit faire bonne mine,
Qui pourra choir en defarroy.

 Le tiers Eftat s'aduance au pas,
Pour defcouurir fa doleance.
Il craint que l'on n'entende pás,
Le mal qu'on fouffre dans la France,
Il ne peut plus viure en fouffrance,
Sous les differens de la Cour,
Par fa tres-douce remonftrance,
Demande paix au temps qui court.

 Clergé, priez le Souuerain,
Qu'il faffe fin à ce difcorde,
Que noftre Roy doux & humain,
Puiffe viure en paix & concorde.
Dieu, faites nous mifericorde,
Et voir nos Princes bien vnis!
Que ce grand different s'accorde.
François, cryons : viue L O V Y S .
 Dieu garde le Roy.

DIALOGVE ENTRE JEAN
qui sçait tout, & Thibaut le Natier.

Thibaut le Natier.

IEan qui sçait tout, dictes-moy les nouuelles
Du bruict qui court en ce pays François.

Iean qui sçait tout:

Voisin Thibaut, les nouuelles sont telles
Qu'vn Goliath est mort à ceste fois.
Ce fier Geant par son outre-cuidance,
Vouloit rauir la Palestine France,
Mais ce bon Roy, inspiré du grand Dieu,
Comme vn Dauid l'a mis hors de ce lieu,
Où il faisoit bastir vne Rochelle,
Pour mieux tenir les François en ceruelle,
Et se monstrer vn iour leur souuerain.

Thibaut.

Dieu! qu'est cecy, ô le grand coup de main!

Iean.

Ce n'est pas tout, Thibaut, tu dois entendre
Que ce tyran faisoit par tout estendre
Son vain pouuoir pour dompter nostre Roy.
Tous les François estoient en desarroy;
De ceste Cour auoit bany les Princes
Et ruinoit nos Françoises Prouinces,
En y logeant des cruels estrangers.

Thibaut.

Dieu quels dangers!
Iean qui fçait tout, ne dit-on autre chofe?

Iean.

Ouy, ouy, Thibaut, ie n'ay la bouche clofe,
Vn bruict commun eft du traiftre mefchant,
Qui confpira contre Henry le grand,
Et qu'il eftoit de la cruelle bande
D'vn Rauaillac, qui eft dans la legende
Des mal-heureux fouffrant dans vn Enfer
Ce Coyon mort, mandé du Lucifer
Pour comparoir dans l'infernalle falle,
Où eft iugé la troupe defloyale
Pour les punir chacun de leur mal-fait.

Thibaut.

Dieu quel effait!

Iean.

Efcoute moy, Thibaut, tu dois cognoiftre,
Que ce Coyon afpiroit à ce fceptre,
Que tient en main ce puiffant Roy Louys,
Et de iouyr des fainctes fleurs de Lys,
Par ces Eftats qu'il auoit par fineffe,
Sous le viel fort de fon enchantereffe,
Qui enchantoit le Roy & fon confeil.

Thibaut.

Quel appareil!

Iean.

Voifin Thibaut, ie te veux icy dire,
Que ce Maran auoit ià fait efcrire
Sur du papier, nombre de blancs fignez,
Pour mieux tenir les Francois obligez
A luy payer rançon infuportable,
Eftant monté au ioug de Conneftable

Euſt fait occir Roy, Princes, Gouuerneurs,
Thibaut.
Quelle pytié, ô ſiniſtres malheurs !
Iean.
L'on dit, Thibaut, que ſans ſa tragedie,
Faiſoit leuer par tout gend'armerie,
Pour s'inſtaller à la place du Roy,
Sous la faueur du nom de Vice-Roy,
Les bons François euſt declaré rebelles ;
En refuſant les œuures criminelles,
Chacun trembloit ſous ſon fatal poüuoir,
Sa fin ſe voit d'Aman le vray miroir.
Thibaut.
O le grand heur d'eſtre hors de martyre !
Iean.
Thibaut, l'on dit qu'il domptoit la Iuſtice,
Pour ne ſe voir chaſtié de ſon vice,
A tous pechez prenoit ſon paſſe-temps ;
Sous ſon Demon paſſoit ainſi le temps,
En luy regnoit cruauté & l'enuie ;
Luxurieux s'eſt veu toute ſa vie
Pour aſſouuir tous ſes plaiſirs mondains.
Thibaut.
Dieu quels deſſains !
Iean.
Thibaut, l'on dit que ſa vieille Megere
Eſt à preſent dans Paris priſonniere
Sans aucun poil du pied iuſqu'aux cheueux,
Rien ne luy ſert ſon ſort ny ſes faux Dieux,
Encore moins ſa foudre & ſa magie,
A vn magot paroiſt ſon effigie,
Rage, tremeur la met en deſarroy,
En redoutant la Iuſtice du Roy,

Inceſſamment

9

Inceſſamment inuocque ſa clemence,
Mais elle n'eſt atteinte d'innocence
Du trouble mis dans le François Eſtat,
Pour y loger Conchin par attentat ;
Qui la veut voir proche de Proferpine,
Où l'on l'attent pour faire la cuiſine,
Du relicat de ce cruel Conchin.

Thibaut.

O coup diuin !

Iean.

Thibaut, l'on dit que ces braues Cyclopes,
Veulent auoir les eſtrangeres tropes,
De ce Coyon, perfide, deſloyal,
Vray ennemy de tout le ſang Royal,
Qui defiroit ruyner noſtre France,
Et nous ranger au ioug de leur puiſſance,
Sous ce Bachas qui s'eſt veu terraſſer,
Trainé, pendu, bruſlé ſur le bourbier ;
L'air en a prins la cendre mal-heureuſe.

Thibaut.

O iournee tres-heureuſe !

Iean.

Thibaut, l'on dit que les chefs de Lorraine,
Font retirer ſoldats & Capitaines,
Par le vouloir de noſtre Roy Louys,
Pour mettre en paix les François du pays.
Sus ! eſtrangers, pliez voſtre bagage,
Vous n'aurez pas noſtre bien au pillage,
Tous vos deſſeins ſont terraſſez en bas.

Thibaut.

Dieu gard celuy qui tua Golias !

B

COMPLAINCTE
lamentable.

Sur le chant, Dames d'honneur.

Obles François, ie vous prie à
mains iointes,
D'auoir efgard à mes triftes
complaintes.
Les grands tourmens que porte dans mon cœur,
Me cauferont toute ma vie douleur.
    Damnable fort, deteftable magie,
Par qui ie dois vn iour perdre la vie!
Si le bon Roy ne prend pitié de moy
Mon corps fera mis en piteux arroy.
    Helas, helas! où eftoit ma croyance,
Quand par mon fort i'ay troublé cefte France,
Pour agrandir mon mal-heureux mary?
De mes mal-heurs i'en ai le cœur marry.
    O iour fatal! maudite deftinee!
Si ie me voy dans vn enfer damnée,
Mieux m'euft valu mourir à mon berceau,
Que de finir par les mains d'vn bourreau.
    Malheureux eft qui fe fie à fortune!
Par les grandeurs ie fuis trop importune,
Obeiffant au vouloir de Conchin,
Plufieurs tourmens i'auray pour mon butin.

Qui rend bien plus mon courage debille,
C'eft que ie crains que ma pauure famille,
Ainfi que moy, ne faffe fon trefpas,
Et qu'ils ne foyent furprins dans mes apas.

Pour me fauuer de cruelles miferes,
Rien ne me fert demons ny carracteres,
Ny mes trefors, ny riches affiquets,
N'empefcheront mes douleurs aux gibets.

I'ay vn regret dedans ma confcience,
D'auoir quitté mon pays de Florence,
Pour m'en venir tourmenter les François,
Qui n'ont pitié de mes funebres voix.

Dames, prenez exemple à mon martire,
Et ne troublez Royaumes ny Empire;
Pour vos maris ne vous faites damner,
Le mien me fait à la mort condamner.

Mon Dieu, mon Roy, l'Eglife & la Iuftice,
Pardonnez moy mes pechez & mon vice,
Il vaudroit mieux iamais ne mariér
Que d'aller prendre fi mefchant Menufier.

FIN.

RESIOVISSANCE
SVR LE CHANT,
De Viue la fleur de Lys.

IEY tout plein de puiſſance,
Faiƈt voir au bon François
L'honneur & la vaillance,
De ce Roy Bourbonnois,
Ayant en ſon ieune aage,
Dompté ſes ennemis.
Chantons de bon courage:
Viue le Roy Louys.

　Le Roy tres-debonnaire,
Trauaillait de partir,
Soubs vn ſorcier corſaire,
Qui nous faiſoit languir.
Par la ferueur diuine,
Ce monſtre fuſt ſurpris,
Et ſa trouppe mutine,
Priſonniere à Paris.

　Entrant dedans le Louure,
Hardi comme il ſouloit,
Sur ſon chef ſe deſcouure
Cinq coups de piſtolet.
Son fatal carraƈtere,
Ne luy ſeruit de rien.
Veu mort ſur la pouſſiere:
Ce fuſt vn tres grand bien.

Vne voix folitaire
Alors vint demander:
Qui a fait telle affaire?
Noftre Roy va parler;
Dit en haute parolle,
Qui fuft fans nul effroy:
Ie n'ay plus de controlle,
Eftant maintenant Roy.

Le corps fut mis en terre,
Pour luy trop grand honneur,
Le peuple le deterre,
Pour voir ceft enchanteur,
Qui enchantoit la France,
Pour s'en faire le chef.
Heureufe deliurance,
De luy voir ce mefchef!

Ce peuple en fa furie,
Sans le mandat du Roy,
L'ont mis en la voirie.
Par fon grand defarroy,
Apres l'ont efté pendre,
Et bruflé par mourceaux;
Sa malheureufe cendre,
L'exempte des corbeaux.

Par fon fort incurable,
Princes eftoient bannis
De ce corps indomptable
Du treifiefme Louys,
Tenant foubs fa puiffance
Du bon Roy le Confeil,
Voulant en cefte France,
Eftre le Vray Soleil.

Ce Coyon par fineſſe
Auoit pluſieurs ſoldats,
Pour reduire en triſteſſe,
Tous les pauures Picards.
Quittant la Picardie,
Vint auec ſes tyrans,
Dedans la Normandie,
Gourmander les Normands.
   Le glouton Bargamache,
Eſtant leur gouuerneur,
Tira le bon pont de l'Arche,
Des mains d'vn bon Seigneur.
Non content des richeſſes
Il voulut auoir Caen ;
Ses ſubtiles fineſſes,
On fait maints pauures gens.
   Ce cruel infidelle,
Pour faire vn monde neuf
Faiſoit vne Rochelle
Au fort de Quille-beuf,
Les ports & les paſſages,
De Seine & de la mer
Vouloit mettre en ſes gages,
Pour ſe faire reſgner.
   Dieu, qui ſçait toutes choſes,
Y a mis les deux mains,
Par des metamorphoſes,
Fait fin à ſes deſſeins
Maſſons & gens de guerre,
Comme ceux de Babel,
Sont renuerſez par terre,
Et leur Luciabel.

O ioyeuſes nouuelles
Pour tous les bons François,
De voir nos infideles,
Domptez d'vn Bourbonnois !
Eſgayez vous, bons princes,
Embraſſez noſtre Roy ;
Par toutes ſes Prouinces,
Vous maintiendra ſa foy.

Confreres de Conchine,
Au Roy vous faut ceder,
Et vous, ſa Merluzine,
Il vous convient trembler.
L'on dit par tout le monde
Que voſtre Mareſchal,
Dans enfer fait ſa ronde,
A pied, ſans nul cheual.

François, prenons courage,
Nous allons voir la paix.
Bleds & fruicts au village
Paraiſtront à grand faix.
L'Egliſe, la Nobleſſe,
Marchands & Laboureux,
Saütez en allegreſſe,
Voyans morts nos haineux.

O l'heureuſe iournee
De voir vn tel effet !
De Dieu eſtoit donnee,
Pour punir le forfait
De ce beau Marquis d'Ancre
Qui troubloit les François,
Dedans l'air eſt à l'ancre,
Pour le rendre aux abois.

Dieu foit ma fauue-garde,
Et mon bon Roy Louys.
Soldat, ie fuis en garde,
Pour les trois fleurs de Lys.
Meffieurs de la Iuftice,
Excufez ceft autheur,
Compofant fans malice,
Ce fubiect tout plein d'heur.

Dieu garde le Roy.

MÉMOIRE

DU

SIEUR DE CIVILLE

AUX

JUGES DE LA CHAMBRE DES COMPTES DE PARIS

1618

AVEC UNE INTRODUCTION

PAR

F. DE CIVILLE.

ROUEN

IMPRIMERIE DE HENRY BOISSEL

M.DCCC.LXXX.

INTRODUCTION

La notice de M. le marquis de Blosseville servant d'introduction au *Discours des causes pour lesquelles le sieur de Civille, Gentilhomme de Normandie, se dit avoir été mort, enterré et resuscité,* parle (page XIII et suivantes) d'une mission confiée, en 1589, à François de Civille par Henri IV pour faire une levée de 3,000 hommes en Ecosse, d'autre part le *Mémoire* que nous publions ci-après indique que cette mission lui fut confiée à cause des *bonnes habitudes,* que le Roi lui savait en Ecosse, enfin les rapports du Gentilhomme normand avec l'Angleterre nous sont encore révélés par plusieurs de ses lettres conservées au Record-Office ; M. le comte Hector de la Ferrière les a fait connaître dans sa curieuse publication intitulée : *La Normandie à l'Etranger* (1).

(1) *La Normandie à l'Etranger, documents inédits relatifs à l'histoire de Normandie tirés des Archives étrangères,* — XVIe et XVIIe *siécles,* par le comte Hector de la Ferrière. Paris, Auguste Aubry, etc. 1873.

Par ces lettres, on le voit à Londres en septembre et octobre 1584, en relation avec lord Walsingham, le comte de Leicester, le grand chambellan Howard, le comte de Hutington, le comte d'Arby, le comte de Pembroek et Monsieur de Sidney. Il était envoyé, par Madame la duchesse de Bouillon (2) et par le duc de Bouillon son fils, près de la reine Elisabeth, pour la prier de vouloir accepter la garde des deux filles aînées de Monseigneur le prince d'Orange (3), de crainte que le duc de Montpensier, leur oncle, ne les fît élever dans la religion catholique.

Chargé de faire tenir lui-même au duc une lettre de la reine, dans laquelle elle annonce les dispositions prises par elle à l'égard des jeunes filles du prince d'Orange, François de Civille est de retour à Rouen le 18 novembre 1584, prêt à partir dès le lendemain pour aller trouver le duc de Bouillon.

Dans les derniers jours de mai 1585, il lui porte à Paris une somme de douze mille écus au soleil.

Enfin, le 2 juillet 1585, il écrit à lord Walsingham, qu'il a réussi à se réfugier en Angleterre dans la ville de la Rye, avec sa femme, ses deux enfants et une partie de sa famille *pour satisfaire et obéir aux Edits du roi*, dit-il

(2) Françoise de Bourbon-Montpensier.

(3) Guillaume de Nasseau, marié en 3e noces à Charlotte de Bourbon-Montpensier.

dans son *Discours des Causes...*, p. 23. Il ne rentra en France que dans les derniers jours de l'année 1588.

Lorsque plus tard il eut accompli, au grand avantage du Roi Henri IV, l'importante négociation dont il avait été chargé, François de Civille fut récompensé par le don d'un office de Commissaire des guerres ; il désira dans la suite transmettre cette charge à son fils ainé Isaac, et la résignation qu'il fit en sa faveur fut acceptée par le Roi Louis XIII. Ce ne fut pas sans difficulté que Isaac de Civille parvint à être définitivement pourvu de ce dit état de Commissaire dont il avait reçu les lettres de provisions le 1er novembre 1610, pour lequel il avait prêté serment le 13 février 1611, et dónt l'enregistrement avait eu lieu au contrôle général des guerres le 14 février de cette même année.

Ce fut seulement en avril 1634 que la tranquille possession des offices de Conseiller Commissaire ordinaire des guerres put paraître définitivement établie par l' « *Edit* « *du Roy portant creation de toutes les Offices de Commissaires* « *Ordinaires des Guerres, cy-devant pourveuz, tant à la nomi-* « *nation de Messieurs les Connestables et Mareschaux de* « *France, que ceux pourveuz en don, et par les traittez et* « *capitulations, des reductions des villes, avec attribution de* « *la qualité de Conseiller du Roy, et faculté de pouvoir eux* « *et leurs successeurs, resigner d'oresnavant leursdits Offices* « *et d'entrer au droict Annuel.* »

Par suite de cet édit, Isaac de Civille fut compris au *roolle* des taxes, comme *pourveu en don*, et dut payer le 20 mai suivant, une somme de trois mille trois cents livres pour jouir de la faculté de résigner son office.

Cependant, dès l'année suivante, le 20 décembre 1635, il est contraint de nouveau de payer au Trésor « la « somme de deux mille deux cent quatre vingt livres à « laquelle il a été taxé au conseil du roi, pour jouir de « cent quatorze livres d'augmentation de gages, outre « les six cent livres dont il jouit, suivant l'édit du mois « de may dernier et déclaration du 11 octobre aussi « dernier. »

Isaac de Civille décéda le 28 juillet 1637 et son fils, nommé aussi Isaac, fut pourvu en survivance le 18 janvier 1638, après avoir payé la somme de *huit-vingt-deux livres* pour le droit du marc d'or, son père ayant payé la survivance.

Quelles furent les causes des retards apportés par la Chambre des comptes à la vérification de ces lettres? peut-être doit-on les attribuer aux convictions religieuses d'Isaac de Civille lequel, zélé protestant comme son père, déclare dans son testament du 3 septembre 1635 *qu'il a recu et desire vivre et mourir en la vraye seulle et unique religion qui est la religion reformée et exorte sa femme et tous ses enfants de vivre et mourir en cette mesme profession et religion.*

Quoiqu'il en soit, le *Mémoire instructif* (1) fut rédigé pour
être présenté à la Chambre des comptes en 1618 par
Isaac de Civille ; les détails qu'il contient sur la mission
dont fut chargé son père, sur ses diverses entrevues
avec Henri IV, dont la dernière eut lieu au Louvre le jour
même de la mort du Roi, ont paru au bureau de la
Société des Bibliophiles normands présenter un intérêt
assez certain pour lui en faire décider l'impression.

(1) Daus les premières lignes de la page 7 du *Mémoire*, il est question
d'un grand procès qui eut lieu entre François de Civille et un sieur de
Gavré son beau-frère ; des recherches sur ce point nous ont fait connaître une erreur de copie ou d'impression qui se serait glissée dans
la Notice de M. le marquis de Blosseville. Page x, on lit : « Il épouse
« en secondes noces Madeleine Remon... assistée à son mariage de
« ses deux frères, l'un sieur de Cussy, l'autre sieur de *Sancey*. » Il
faut lire à la place de ce dernier nom *Gavrey*. En effet, dans le traité
de mariage daté du 25 novembre 1584, entre François de Civille et
Magdeleyne Remon, fille de défunt messire Pierre Remon, chevalier,
premier président de Rouen, et de dame Marie de Selve, il est dit,
qu'elle fut assistée de nobles hommes Geoffroy Remon sieur de Cussy
et Georges Remon sieur de Gavrey, ses frères.

*Memoire inſtructif, à Monſieur Obrey, des raiſons
que le ſieur de Ciuille, commiſſaire ordinaire des
guerres, a à alleguer à Meſſieurs les iuges de la
chambre des comptes de Paris, pour ſçauoir à
quel titre il eſt fondé en ſon dit eſtat, & par conſequent qu'il eſt fauorable au maintien d'icelluy.*

Dɪᴄᴛ premierement que, en l'année 1589, le feu Roy
Henry quatriefme dernier decedé ſe voyant au deſtroit
de ſes affaires enfermé dans la ville de Dieppe eſtant pour
lors feulle de ſon party en Normandie, en laquelle il eſtoit
menacé d'vn ſiege par l'armée de feu monſieur le duc du
Mayne, eſtant pour lors de bien ſoixante mille hommes, le
feu Roy, dis-ie, ayant ſceu que feu mon père auoit de
bonnes habitudes en Eſcoſſe, & par conſequent, que ſa
perſonne y ſeroit plus agreable que aulcune autre, & y
feroit à ceſte occaſion plus fauorablement receue, comme y
eſtant cogneu des plus grands du Royaume & du Roy
meſme, qui eſtoit lors Roy d'Eſcoſſe & à preſent d'Angle-

I

terre, le deputa exprès au commencement de la dite année
1589, pour fère la leuée de trois mil Efcoffois, comme il
feift, les ayant amenés au dit feu Roy en fon fecours pendant le dit fiege de Dieppe, où ils feirent de bons feruices
au feu Roy, pendant & depuis le dit fiege, y en ayant encore plufieurs viuants quy font du corps de la garde du
Roy, ayant toufiours pour la plus part depuis continué au
feruice de feu fa maiefté, & ayant, feu mon père, fait le
dit voyage à fes propres coufts & defpends, où il luy conuint
feiourner, tant en allant que venant, neuf mois vingt fept
jours, tant allant, venant que feiournant, & auquel voyage
il feift defpence de fix mil liures ainfi que mes lettres de
prouifion le contiennent, & ce qui eft mefme à confiderer,
pour tefmoigner fon zele & affectionné feruice qu'il rendift
lors au feu Roy, c'eft que le feu Roy eftant lors poure &
defnué de tous moyens, à caufe qu'en ce temps là, c'eftoit
le fort de la ligue, auffy que tous nos moyens eftants pour
lors occupés par la ligue, feu mon père ne leffa pour cela, à
caufe de lardeur qu'il auoit au feruice du feu Roy, & au
bien de fes affaires, de employer liberalement tout fon bien
& ce qu'il luy reftoit, pour fère le dit voyage & feruice
fignalé au dit feu Roy, ce qu'il feift fy bien, & fy à propos,
que le feu Roy l'en a toufiours veu & regardé de fort bon
œuil & a uzé depuis de plufieurs faueurs à l'occafion de ce
fignalé feruice, ainfy qu'il fera dit cy après.

De forte que, feu mon père eftant de retour à Dieppe, &
ayant execufté fort à propos fa commiffion, le feu Roy le

receupt, auec ces trois mil Efcoffois, dont eftoit chef vn
nommé Roger Ouillem quy a depuis longtemps demeuré à
Paris & qu'vn chacun a peu cognoiftre d'vn fort bon œuil,
luy ayant dit mefme ces mots, prefence de feu monfieur
d'O intendant des finances, de feu monfieur de Chaftillon
& de plufieurs autres feigneurs en grand nombre quy
affiftoient pour lors le feu Roy, que puis que ce fecours luy
eftoit venu fi à propos, qu'il auoit bonne efperance que la
ligue ne luy feroit tant de mal qu'elle luy en auoit promis
faire, & que fy feu monfieur de Longueuille & feu monfieur
de la Noue, quy auoient vne petite armée de douze mil
hommes, le pouuoyent vne fois ioindre fous fortune qu'il
fe promettoit aller atacquer monfieur du Mayne iufque
dedans fon camp & qu'il tenoit ce fecours eftranger, comme
luy eftant enuoyé de Dieu pour fa deliurance, & vn chacun
iour qu'il voyoit feu mon père, fans ceffe luy difoit qu'il ne
pouuoit & ne pourroit iamais oublier ce feruice fignalé
en vn temps fi miferable & en vne occafion où il en auoit
tant de befoing.

En fin le feu Roy, voyant que feu mon père, qu'il fçauoit
auoir faict le dit voyage à fes propres coufts & defpends &
qu'il ne luy demandoit rien, lui dit vn iour entre autre :
« Ie fcay Ciuille que tu as faict bien de la defpenfe à ton
voyage, mais tu vois la neceffité où ie fuis reduit & fuis
très marry de que ie n'ay de quoy te rembourfer, mais ne
pourrois à prefent, regarde fy il y a point quelque eftat ou
autre chofe quy vacque, & ie t'en feray expedier le breuet

& lorfque Dieu m'aurra donné plus de moyens, allors ie te promets de te bien refcompenfer » — En fin n'y ayant pour lors rien de vaccant, le feu Roy luy mefme luy dit qu'il luy voulloit donner vn eftat de commiffaire des guerres & qu'il s'enquit fy il y en auoit point vn qui fuft vaccant ou occupé par quelqu'vn de la ligue, de quoy le dit feu Roy s'en eftant luy mefme enquis, il fe trouua qu'il y auoit vn nommé Le Clerc, eftant de la ligue, quy en occupoit vn, mais le feu Roy ayant pourueu à fa place accaufe de fa rebellion quelque temps auparauant vn gentilhomme de Normandie nommé Longueuil, le Roy neanmoins voulut que mon père feuft pourvueu du mefme office, l'vn & l'autre exerçants pourtant à mefme temps, & que après le deceds tant du dit fieur de Longueuil, que du dit fieur Le Clerc, qui tous deux moururent bien toft après, il demeureroit feul à feu mon père, toutes fois à cette condition, que Dieu luy enuoyant plus de moyens qu'il n'en auoit pour lors, qu'il promettoit le refcompenfer de mieux, fçachant affez que cela n'eftoit fuffifant pour le refcompenfer, ayant mefme le feu Roy commandé au fecretaire d'eftat eftant lors, quy eftoit le fieur de Lofmenie ou Geure, d'en expedier fur le champ le breuet, au nom & en la faueur de feu mon père, mefme voulluft qu'expedition luy fuft faite à l'inftant pour feulement le refcompenfer d'vne taxe de cent liures tous les mois, dont il feuft payé deux ans durant, outre & par deffus fes fix cent liures de gages quy prouenoyent lors de fon eftat, & mefme l'eftablit dès lors commiffaire de tous les dits Efcoffois, comme il a toufiours depuis continué, tant que les dites troupes ont efté entretenues mefmes d'autant de regiments anglois quy ont efté en France pendant la dite guerre & iufque à la paix, ayant mefme efté toufiours departy, tant par feu Monfieur le Marefchal de Biron, père du dernier decedé, par Monfieur de Bouillon, de Briffac & autres marefchaulx de France & mefme par feu monfeigneur le conneftable à faire les montres de la garnifon de Dieppe, quelque temps mefme il en a faift au Haure & au fort de Quillebeuf & à Rouen, & notamment de la compagnie de gens d'armes de feu monfieur l'amiral de Villars, & depuis de feu monfieur de Monpenfier, & mefme dans les armées du feu Roy, ayant mefme eut plufieurs commiffions de conduire plufieurs regiments françois, & entre autres celuy de Monfieur de Boniface & celuy de feu monfieur de Breauté qu'il mena au fiege d'Amiens & ramena, ayant efté fort employé en fon eftat, autant & plus qu'aulcun autre commiffaire des guerres quy ait efté en France. Le feu Roy ayant mefme faift commandement à feu monfieur de Villeroy de luy expedier, lorfque feu mon père y penfoit le moins, plufieurs belles commiffions que l'on luy enuoyoit iufques dedans fon logis à Rouen.

Et depuis le dit fiege de Dieppe, comme le feu roy vint affieger Rouen, feu mon père s'eftant rendu à la dite armée & eftant allé faluer fa maiefté, il luy demanda à l'inftant s'il auoit penfé ou defcouuert quelque chofe qu'il luy peult

donner, lequel feiƐt refponfe au Roy qu'il ne pouuoit de-
marder rien de meilleur que les bonnes graces de fa maiefté,
& d'eftre toufiours continué fon feruiteur ; fur quoy, il lui
feiƐt refponfe à l'inftant, qu'il n'eftoit point vray normand,
d'autant que les normands luy demandoyént toufiours, &
que luy quy l'auoit bien feruy par defpendre le fien, ne
luy auoit encore rien demandé; ce qu'ayant dit prefence
de plufieurs feigneurs, fa maiefté leur conta le feruice ainfi
faiƐt à fes defpends, dont aulcuns d'eux vindrent après dire
à feu mon père qu'il eftoit fort en bonne grace de fa maiefté,
& que il eftoit en eftat de s'enrichir & s'aduancer fy il fe
voulloit pouffer, & que chofe aulcune vint à vacquer.

De forte que, deux ou trois iours après, vn chacun reco-
gnoiffant la faueur que mon père auoit enuers le feu
Roy, & eftant morts depuis quelques iours deux perfonnes
fignallées en Normandie ayant de grands biens, & plufieurs
terres nobles tenues de fa maiefté, dont l'vn s'apelloit le
fieur de Posuille, l'autre le fieur de Frefquiefnes, leurs
heritiers cognoiffant feu mon père, vindrent le trouuer &
prier de demander leurs garde noble au Roy, ce que feu
mon père ayant fait, fa maiefté commanda de les expedier
au nom de feu mon pere tout feul, & non des heritiers, ce
quy eftant expedié, les remift à l'inftant entre les mains des
dits heritiers fans en auoir eut aulcune refcompenfe, d'autant qu'ils eftoient fes meilleurs amis.

Or feu mon père ayant toufiours efté continué en l'exercice de fon eftat fans aulcun trouble ny deftourbier, depuis

1589, iufques en 1604 ou 1605, qu'il euſt vn grand procès
contre vn nommé Monſieur de Gaure quy eſtoit ſon beau
frère, dont s'eſtant enſuiuy ſentence au bailliage de Rouen
au profit de feu mon père, le dit ſieur de Gaure en ayant
après & depuis eſuocqué, finallement le tout fuſt renuoyé à
cauſe des parentelles que les vns & les aultres auoient à
Rouen & à Paris, au parlement de Grenoble · pendant
lequel temps & que mon père y eſtoit à la pourſuitte de ſon
procès, le feu Roy, accauſe de la grande paix quy eſtoit lors
voullant reformer le grand nombre d'officiers & de gages
ſuperflus quy auoit eſté creés, tant par le dit feu Roy, que
par la Ligue, durant la dite guerre, leſquels le dit feu Roy
auoit continué iufque lors, en fin mon père eſtant lors
abſent pendant les dites reformes & ne pouuant, à ceſte
occaſion, eſtre à Paris pour ſe preſenter luy meſme à ſa
maieſté, & qu'il n'auoit eut ſon dit eſtat qu'en don &
que ſon breuet ne contenoit aulcune finance qu'il euſt
payée, comblen que il euſt, lors du dit voyage d'Eſcoſſe,
fait la defpenſe des dits deux mil eſcus, pourquoy il luy
tenoit lieu de refcompenſe, ainſy qu'il eſt plus amplement
exprimé par mes lettres de prouiſion dont eſtes ſaiſy; cela
fuſt cauſe qu'il fuſt dès lors mis & couché au nombre des
eſtats ſupernumereres & quy ne pourroyent reſigner leurs
offices & qu'ils vacqueroyent par mort & meſme dès lors il
leur fuſt retrenché çent livres de gages & en lieu de vi^{e} #
qu'ils auoyent, ils furent reduiêts à v^{c}#, ce qui fuſt auſſy
bien executé à l'endroit de feu mon père que des autres, à

raiſon de ſon abſence & qu'il ne ſe peult preſenter deuant le Roy pour remontrer qu'il eſtoit pourueu du dit eſtat à la place du dit Le Clerc quy auoit financé aux coffres du Roy, ainſy qu'il apert par l'extraict de ſa quittance de finance, que ie vous enuoye, & partant il ne pouuoit eſtre mis comme ſupernumerere parce qu'il eſtoit pourveu à la place d'vn quy auoit financé, auſſy que la ſomme de deux mille eſcus qu'il auoit deſpendue excedoit de beaucoup le prix de l'eſtat qui n'eſtoit lors eſtimé aux coffres du Roy, que de deux ou trois mil livres au plus.

Or après, en l'année 1610, feu mon père ſe ſentant peſant & chargé d'aage, car il auoit lxxv ans, & deſirant me reſigner ſon eſtat qu'il ne voulloit laiſſer ſortir hors de ſa famille, s'en alla à Paris & trouuer ſa maieſté, lequel l'ayant veu & recogneu à l'inſtant, luy demanda, luy metant ſa main ſur ſa teſte, ſy il continuoit en ſa meſme humeur quy eſtoit de ne luy rien demander, lequel à l'inſ-tant, prenant l'occaſion au poil, il luy commença à dire qu'il eſtoit venu exprès à Paris pour ſuplier ſa dite maieſté, d'auoir agreable accauſe de la grandeur de ſon aage & qu'il eſtoit deformais peſant & parconſequent empeſché de pouuoir trauailler en l'exercice de ſon dit office, auec telle viuacité de corps & d'eſprit comme il auoit faict autrefois, partant qu'il ſupplioit ſa dite maieſté, attendu que par le reglement quy avoit eſté faict, il auoit eſté mis au nombre des ſupernumereres & quy ne pourroyent reſi-gner leurs offices & par conſequent ſeroyent & demeureroyent fuprimés, mais aduenant que ayant vn fils aagé quy auoit porté les armes pour fon feruice, tant en France que en Holande, où il auoit eu commandements, qu'il pleuſt à fa dite maiefté, en confideration de fes feruices & de fon fils, parlant de moy, & mefme de ce qu'il n'auoit efté rembourfé en argent comptant des deux mil efcus employés au voyage d'Efcoffe, combien que le dit eftat luy tint lieu de refcompenfe du dit argent & feruice fignallé, & de rembourfement en partie, fuiuant que fa maiefté le fçauoit très bien, & que faute que fon breuet n'auoit contenu la dite fomme de deux mil efcus que cela auoit efté caufe qu'il auoit efté mis au nombre des fupernumereres, partant qu'il pleuſt à fa dite maiefté luy accorder qu'il me peult refigner fon dit office, attendu mefme qu'il y en auoit eut plufieurs, non fy fauorables que luy, à quy fa maiefté l'auoit octroyé, & qu'il eftoit mefme pourueu à la place d'vn quy auoit financé.

Sur quoy fa maiefté luy feiſt refponfe, qu'il le voulloit ainfy, & qu'il n'auoit encore oublié l'affection grande qu'il auoit tefmoigné à fon feruice, & partant luy accordoit la dite refignation pour donner fubiect à fon fils de le feruir auffy bien comme il auoit faict, & que il euft à fère dreffer fon breuet en mon nom fans delay, & diſt à luy faire venir Monfieur de Villeroy pour luy commander de l'expedier; ce fuft ce Lundy, dont le feu Roy fuft tué le vendredi x may.

De forte que, fuiuant ce commandement, mon père fuſt trouuer à l'inftant feu Monfieur de Villeroy auquel il feict

entendre l'intention de fa maiefté, lequel luy promit d'y
aller dans vn iour ou deux, & cependant qu'il euft à faire
dreffer par l'vn de fes commis fon breuet tout preft, mais
le dit fieur de Villeroy eftant lors chargé de grand nombre
d'affaires ne peult aller trouuer fa maiefté pluftoft que le
vendredi matin 10ᵉ may 1610, dans fa grande gallerie du
Louure, où le Roy voyant le dit fieur de Villeroy & feu
mon père enfemble, & les apellant luy dift qu'il voulloit que
le dit breuet fuft expedié au nom de fon fils, & fur ce qu'ils
parloyent encore de la dite affaire, il entra dans la dite
galerie du Louure où le Roy eftoit quatre archeuefques
dont Monsʳ de Ioyeuze eftoit, l'vn defquels eftant venus
faluer le Roy & ayant eut de longs difcours auec luy, cela
fuft caufe que Monfieur de Villeroy chargé de grandes
affaires ne peult attendre dauantage; neanmoins le Rey luy
cria de rechef qu'il entendoit & defiroit que le dit breuet
fuft expedié fans delay, car ce fuft le matin du vendredy
10ᵉ may 1610 que cela fuft faiſt, fur les neuf à dix heures du
matin, & l'après difner du mefme iour, le Roy, à la malheure
pour luy, pour nous & pour toute la France, fuft tué, ce
quy fuft caufe de faire pour l'heure auorter noftre affaire
& qu'elle ne fuft expediée.

Eftant mefme à notter que le dit feu Roy dift à feu mon
père, & commanda à feu monfieur de Villeroy, de faire
employer dans les dites prouifions, les dits deux mil efcus
defbourfés au dit voyage d'Efcoffe, afin d'affeurer par ce
moyen l'eftat à noftre famille & que fçauoit eftre vne faute

commife au premier breuet quy ne le deuoit eftre en ce dernier.

Mais le Roy eftant mort, mon père eftant retourné voir monfieur de Villeroy il luy dift que la mort du Roy, eftant interuenue auant le dit breuet expedié, & les affaires de la court eftant preftes à prendre vn autre train, il falloit attendre qu'il y euft regence efleue, & que l'on euft recogneu quel train prendroyent les affaires, & qu'il confeilloit feu mon père de s'en retourner en Normandie pour quelque temps, & qu'il fe trouuaft à Paris fur le mois d'oᶜtobre de la mefme année pour continuer les mefmes pourfuites ce que penfant fère, il tomba malade ce quy fuft caufe qu'il m'y enuoya auec vne procuration ad refignandum.

LA DÉFAITE

DE

SEPT NAVIRES ANGLAIS

SUR LES COTES DU COTENTIN

EN 1628,

AVEC UNE INTRODUCTION

PAR

C. LORMIER.

ROUEN

IMPRIMERIE DE HENRY BOISSEL

M.DCCC.LXXX.

INTRODUCTION

La disposition anormale des lettres qui, au bas du titre
de *La défaite des sept navires anglois*, sont mises comme
indication de la date, ne peut laisser de doute pour l'in-
terprétation : la lecture de ces quelques pages nous
reporte à l'époque du siège de la Rochelle, le fait
raconté est de l'année 1628.

La situation du port de Cherbourg à dix heures seulement des côtes d'Angleterre, l'intérêt stratégique qui
devait conseiller à l'ennemi de créer de ce côté des em-
barras au Roi de France pour lui faire abandonner ou
négliger le siége, enfin le souvenir resté dans la pensée de
tous, des luttes si souvent soutenues contre les Anglais
qui, avant de quitter notre pays, avaient fait, sur cette
côte, leur dernière station (1), toutes ces circonstances

(1) Depuis la retraite définitive de l'armée anglaise par suite de la
victoire du Connétable de Richemont, le 12 août 1450, tous les ans,
dans le diocèse de Coutances (jusqu'en 1793), on faisait mémoire de
la délivrance de la Normandie, par cette antienne qu'on disait ce

firent donner dans cette partie de la Normandie des
ordres sévères, préparer des moyens de défense aussi
complets que possible, préposer, pour veiller à la sûreté
de la ville, un gouverneur connu par sa fidélité au Roi,
administrateur habile et guerrier courageux. Ce poste si
rempli de difficultés et de périls était tenu en cette année
1628 par le baron de La Luthumière; son activité et son
courage furent à la hauteur de son importante fonction.

On suivait à Cherbourg, au moins aussi attentivement
qu'ailleurs en France, les péripéties de ce drame politique et religieux. L'habileté des assiégeants, le courage
héroïque des assiégés tenaient en suspens toutes les
autres préoccupations. Tandis que les Rochellois portaient leurs regards avec anxiété du côté de l'Angleterre
toujours, semblait-il, à la veille de leur apporter du secours, des vivres et la délivrance, on s'inquiétait là
des projets de cette flotte dont les récits exagéraient le
nombre des vaisseaux et la valeur des troupes.

A la fin de mai, une première tentative faite par le
comte de Dembigh, beau-frère du duc de Buckingham,
venait d'échouer; la flotte, composée de cinquante-deux

jour-là : *Omnis populus certabat in cunctis tribubus dicens : Rex libe-
ravit nos de manu inimicorum nostrorum, et ipse salvavit nos.
Usquequo siletis et non reducitis Regem.* — On sait que ce glorieux
anniversaire du 12 août était aussi, à Rouen, l'occasion d'une pro-
cession solennelle, elle avait été établie par décision capitulaire,
dès le 27 juillet 1451.

gros navires et quarante plus petits, après avoir sans
grande énergie tenté de rompre la ligne d'investissement
si admirablement disposée, s'était éloignée, continuant
en partie de croiser sur nos côtes, sans but apparemment
déterminé, mais donnant des craintes continuelles.

Le protestantisme avait en effet dans ces parages des
partisans que la résistance opiniâtre des Rochellois pouvait encourager à la révolte; des émissaires, on le savait,
s'efforçaient de fomenter des troubles, le moment était
venu d'agir avec vigueur. Le baron de la Luthumière
assura la paix à l'intérieur en faisant arrêter les principaux meneurs, et par ses ordres tint en éveil les habitants de Cherbourg; ceux-ci armèrent à leurs propres
frais, un certain nombre de vaisseaux qui accompagnaient
le plus souvent ceux que le gouverneur tenait à la mer,
c'est ainsi qu'ils soutinrent plusieurs combats contre
l'ennemi et firent sur lui quelques prises; la principale,
la plus digne d'être racontée est celle de la veille et jour
du Saint-Sacrement.

En dehors du petit volume qui nous l'a fait connaître,
on ne trouve cet épisode rapporté par aucun historien et
le nom du gouverneur de Cherbourg à cette époque n'a
été placé dans aucune biographie. Faute de détails plus
circonstanciés, rapprochons au moins, ayant rapport à
ce dernier, quelques dates, quelques particularités re-
trouvées à sources sures.

Dans une information (1) faite en 1613, par le Cardinal du Perron, Archevêque de Sens, des vie, mœurs et religion de Pierre de Harcourt, seigneur et marquis de Beuvron, nommé par lettres patentes du Roi, le 20 décembre 1612 pour entrer dans l'ordre du Saint-Esprit, François Le Tellier, baron de la Luthumière est un des six témoins comparaissant, il se dit alors âgé de 34 ans *ou environ.* Comme on voit d'après ce document, il serait né vers 1578, et aurait eu à peu près 50 ans à l'époque où se passait le fait qui nous intéresse.

D'après une note de M. de Pontaumont (2), il demeurait en ce temps là, du moins en 1615, dans un très bel hôtel situé à Valognes, rue de la Poterie.

En 1649 (3), lorsqu'il avait près de 71 ans, on retrouve son nom honorablement cité pour l'aide qu'il apporte avec plusieurs autres Gentilshommes Normands, aux opérations de la petite armée, qui sous les ordres du Comte de Matignon, lieutenant-général de Basse-Normandie, assiége et prend la ville de Valognes, puis bientôt après fait capituler le Château, malgré la vive résistance

(1) *Histoire généalogique de la Maison d'Harcourt,* 3ᵉ vol., p. 995.

(2) Les Olim de l'arrondissement de Cherbourg, par M. de Pontaumont, dans les *Mémoires de la Société nationale académique de Cherbourg,* année 1879.

(3) *Histoire sommaire de Normandie, contenant le Règne de Louis XIII et le Règne présent,* par le sʳ de Masseville, 1704, 6ᵉ partie, p. 166.

du marquis de Bellefond entouré d'une petite troupe d'élite.

François de la Luthumière avait épousé Charlotte du Bec-Crespin (1), dont il n'avait eu que deux enfants, un fils et une fille: en 1617, François de la Luthumière qui fut ordonné prêtre et fit bâtir à très grands frais, en 1654, le Séminaire de Valognes, à la place d'une maison épiscopale que lui avait fieffée Claude Auvry, Evêque de Coutances. Pour sa fille Marie-Françoise de la Luthumière (2), elle se maria le 13 octobre 1648 à Henri de Matignon, comte de Thorigni, qui fut aussi gouverneur des villes de Cherbourg, Grandville et Saint-Lô; unique héritière de son père, elle transporta dans cette maison les titres de la Luthumière.

La Chesnaye-des-Bois indique ainsi les armes de François de la Luthumière : d'argent, à la croix de gueules cantonnée de quatre lions de sable.

Nous avons reproduit cette curieuse et rare brochure d'après l'édition originale, à laquelle ont été attentivement conservés son fleuron royal, sa justification et le.

(1) *La vie et les vertus de Messire Antoine Paté,* 1747 (par Trigan), p. 386 et 390. Et encore l'*Histoire sommaire de Normandie,* 6° part., p. 330 et 370.

(2) *Dictionnaire de Moreri* (édition de 1759). Article Matignon. XVII. Henri sire de Matignon.

nombre de ses pages (douze). Il existe du même temps une contrefaçon portant aussi le nom de l'imprimeur Jacquin avec la date de 1628, et contenant en outre, à la suite, une deuxième pièce ainsi annoncée sur le titre : *Le Confiteor aux Rochelois*, elle est en vers et pleine d'ironie contre les malheureux révoltés, d'ailleurs nullement normande, sans le moindre rapport avec Cherbourg, la sortie des vaisseaux du baron de la Luthumière, leur victoire sur les Anglais. Ces deux pièces ainsi réunies forment seize pages, dix numérotées pour *La Défaite,* six non chiffrées pour *Le Confiteor.* La bizarrerie des fleurons, le peu de soin qu'on remarque dans la typographie, et surtout l'absence de la permission d'imprimer, sont des preuves incontestables d'une édition contrefaite ; du reste, elle est tout aussi rare que le premier tirage.

Si sommaire que soit le récit de cette action navale, on trouvera, nous l'espérons, qu'il méritait d'être remis en lumière, puisque son extrême rareté l'avait complètement dérobé aux yeux attentifs des historiens du Cotentin ; notre réimpression, en donnant satisfaction à la curiosité des Bibliophiles normands , aura en même temps l'utile conséquence de tirer de l'oubli un nom et un fait dignes d'être inscrits honorablement dans les annales de Cherbourg.

LA
DEFAITE DE
SEPT NAVIRES ANGLOIS

par Monſieur le Baron de la Luthumiere, Gouuerneur pour ſa Majeſté de la ville & chaſteau de Cherebourg.

La veille & iour du S. Sacrement dernier
aux coſtes de mer du Balliage de
Coſtentin en Normandie.

A PARIS,

Chez FRANÇOIS IACQVIN, ruë
des Maçons.

____

M. DC. XXIIX.

AVEC PERMISSION.

LA DEFFAITE DE

sept Nauires Anglois par Monsieur le Baron de la Luthumiere, Gouuerneur pour sa Majesté de la ville & chasteau de Cherebourg en Costentin.

IEV punit fouuent les Rebelles aux iours des mysteres qu'ils impugnent. Ainsi les Grecs perdirent leurs vies & leur liberté le iour de Pentecoste par la prise de Constantinople, ville capitale

de leur Empire : Ainfi les Cal-
uiniftes & Lutheriens ont fouuent reffenty les effects de la
Diuine Iuftice le iour & fefte
du fainct Sacrement de l'Autel, contre lequel ils blafphe-
ment : ce qu'ils euffent recogneu fi le Dieu de ce fiecle ne
leur auoit creué les yeux de l'efprit, *ut videntes non intelligant,*
afin que voyant ils ne puiffent
entendre. Entre plufieurs tef-
moignages de cefte verité, nous
en auons vn tres-recent dans la
prouince de Normandie. Le
Roy qui penetre auec vne force d'efprit incroyable & toute
diuine les plus fecretes intelli-
gences de fes ennemis dans
toutes les parties de fon eftat,

ayant recogneu que deux Ca-
ualiers eſtoient partis de ſon
camp auec lettre de croyance
des Rochelois & des Anglois
pour aller en la baſſe Normandie faire executer vne entrepri-
ſe de pluſieurs Gentils-hommes & autres Rebelles ſur
quelques villes & places fortes
des Bailliages de Caen & Coſtentin, enuoya en poſte commandement à monſieur de
Matignon d'en faire la recher-
che, ce qu'il a fait auec grande
fidelité & tres-heureux ſuccés,
ayant arreſté le Baron de Thra-
cy, le ſieur de Briqueuille, &
quelques autres chefs & au-
theurs de ceſte conſpiration.

Au meſme temps ſept nauires

Anglois raudoient fur les coftes
de ces Bailliages, à ce qu'on
croit pour fauorifer & fecourir
les deffeins qu'auoient pris fes
Meffieurs de la Religion pre-
tenduë. Monfieur le Baron de
la Luthumiere Gouuerneur
pour fa Majefté de la ville & ci-
tadelle de Cherebourg, ville
affez cogneuë dans noftre hi-
ftoire, pour auoir efté la derniere retraicte de l'Anglois chaffé
de Normandie, & la plus importante place des villes fron-
tieres de la prouince, d'où l'on
peut paffer en Angleterre en
dix heures de temps; au commencement de la guerre, tant
pour fa grande fidelité & expe-
rience que pource qu'il eft

Lieutenant de Monfieur de
Matignon & Capitaine de fa
compagnie de Gens-d'armes
audit Bailliage de Coftentin, re-
ceut commandement de fa Majefté & de Monfeigneur le Cardinal de Richelieu de demeurer en fon gouuernement, ar-
mer ce qu'il pourroit de nauires, & empefcher felon fon pouuoir les courfes des Anglois,
tant fur les Marchands François que fur les coftes. Ce qu'il
a fait graces à Dieu toufiours
auec heureux fuccés & grands
aduantages fur l'ennemy, ayant
pris plufieurs nauires par cy deuant en diuerfes rencontres. Les
iours que nous auons accouftumé de celebrer en l'honneur du

fainĉt Sacrement de l'Autel, les
nauires dudit fieur Baron & de
quelques autres Bourgeois de
Cherebourg, nommés les Bail-
lifs, hommes tres experimen-
tés au faiĉt de la marine armés
par fon commandement, firent
rencontre des fept nauires Anglois defquels i'ay parlé cy-deffus, dont quelques-vns eftoient
de deux cens tonneaux, les autres vn peu moindres, bien armés, bien equippés, auec quantité de foldats. Les noftres font
difficulté de les attaquer eftans
en moindre nombre & en ap-
parence les plus foibles; neant-
moins prennent confeil & re-
folution tout enfemble fondés
fur la iuftice de leur caufe &

bon-heur du Roy, foubs les enfeignes du quel ils combattent :
Apres qu'vn chacun eut fait les
deuoirs d'vn bon Chreftien &
vaillant foldat, & appris l'ordre
du combat que donnerent les
Chefs, nos canons falüent l'ennemy, qui de fon cofté ne manque à rendre la pareille; bien at-
taqué bien deffendu, plufieurs
coups fe tirent de cofté & d'autre, quelques nauires font per-
cés aufquels l'on remedie auffi-
toft; la victoire demeure longtemps douteufe iufques à ce
que ceux de Cherebourg euffent coulé à fond trois des nauires ennemis auec les hommes
& munitions, & emporté d'vn
coup de canon le capitaine de

la flotte & pluſieurs ſoldats : quatre de nos hommes y perdent
la vie & deux la cuiſſe. L'on
vient aux approches, chacun
fait eſtat de ſe bien deffendre,
pluſieurs ſont bleſſés de part &
d'autre. L'vn des noſtres trop
haſté de ſe ietter le premier dās
les nauires Anglois tomba durant le combat entre les deux
qui ſ'eſtoient accrochés, où par
le choc il fut eſcraſé. En fin
apres vne longue reſiſtance de
quelques ſoldats, combattant
plus par deſeſpoir que valeur,
les noſtres demeurerēt maiſtres
& amenerent les quatre nauires
qui eſtoient reſtés du combat
au port de Cherebourg, auec
vn autre qu'ils retirerent d'en-

tre les mains d'vn pirate nommé Giron, qu'ils ont rendu aux
Marchands de Roüen. Arri-
uant ils furent aduertis qu'il
paſſoit vn grand vaiſſeau Anglois à la pourſuite duquel ils
retournerent auſſi toſt, & l'on
eſpere qu'ils l'ameneront auec
l'honneur d'auoir fidellement
& genereuſement feruy le Roy
par ceſte action, & la priſe d'vn
pacquet enuoyé de la Rochelle en Angleterre, ayant euenté
& rompu le deſſein & entrepri-
ſe des ennemis fur la prouince
de Normandie, ſçachant qu'elle eſtoit la plus importãte à l'E-
ſtat, & la plus riche prouince,
mere nourriciere par la fertilité
de ſon labeur & richeſſe de ſon

traffic des autres parties de ce Royaume. Ie prie Dieu que chafque prouince à l'enuie l'vne de l'autre trauaille à qui mieux mieux de bien seruir la Religion & l'Eftat foubs les enfeignes de noftre bon Roy, qui en fin, auec la grace de Dieu, triomphera de fes ennemis.

F I N.

PERMISSION.

IL eft permis à FRANÇOIS IACQVIN, Imprimeur & Libraire en l'Vniuerfité de Paris, d'imprimer *La deffaiƌe de fept nauires Anglois par Monfieur le Baron de la Luthumiere*, *&c.* auec inhibitions & deffences à tous autres de l'imprimer ny contrefaire, à peine de confifcation, &c.

MOREAV.

DESCRIPTION
DU LIEU DE SAINT BRICE PRÈS DE LA BOUILLE

(AU BAS CAUMONT)

PAR

M. R. B.

PRÉCÉDÉE D'UNE INTRODUCTION

PAR

C. LORMIER.

ROUEN

IMPRIMERIE DE HENRY BOISSEL

M.D.CCC.LXXXI.

INTRODUCTION.

Tandis que le XVIIe siècle nous laissait, grâce au talent de ses graveurs, l'exacte représentation de plusieurs habitations de notre riche contrée normande, que Gomboust, Chatillon, I. Silvestre immortalisaient par leur burin la vue des palais ou des jardins de nos aïeux, à cette même époque des poètes ou de simples versificateurs nous décrivaient l'aspect pittoresque de certains sites, nous initiaient à leurs beautés plus intimes, aux mœurs de leurs habitants, aux plaisirs réservés à leurs visiteurs.

Nous connaissons ainsi, par une charmante églogue latine, les merveilles du château de Gaillon,

Aurum, ligna, lapis, triplici certamen in aula.

et nous pouvons nous représenter aujourd'hui encore, grâce à des vers attribués tantôt au grand Corneille, tantôt à Antoine, son frère, curé de Fréville, les moindres

détails des champêtres délices du presbytère d'Hénou-
ville, situé

> Sur le bord d'un vallon flanqué de deux collines,
> Dont la beauté fait honte aux montagnes voisines.

Un invité de Pierre Brice Conseiller du Roi, et Auditeur en la Chambre des Comptes de Normandie, reconnaissant de l'hospitalité qu'il avait reçu dans sa maison de
campagne et prié d'en perpétuer le souvenir, a décrit un
jour d'une manière complète, partant pleine d'intérêt
pour nous, l'agréable retraite que possédait ce magis-
trat sur les bords de la Seine :

> Vous avez poussé mon ardeur
> A crayonner ce paysage ;
> Et votre vin divin, tout charmant et tout frais,
> Est cause des vers que j'ai faits.

C'est la reproduction de cet écrit que nous donnons ci-
après. Quel nom portait ce poëte, ou plutôt cet invité ?
On serait d'abord porté à le croire de la famille de son
hôte, en voyant ses strophes signées R. B., mais comme
il n'est dans aucun endroit fait allusion à cette parenté,
il n'y a pas lieu de s'arrêter à cette pensée ; laissons donc
sans le déterminer son nom, aussi bien, un intérêt plus
grand nous convie à porter notre attention sur celui de
Brice.

Jusque vers le milieu du xvie siècle, ce nom était resté modestement mêlé à celui des nombreux marchands de Rouen n'ayant d'autre ambition que la prospérité de leur négoce. Vers ce temps deux frères, Nicolas et Jean Brice, rompant avec ces traditions commerciales, entrèrent, le premier dans les ordres, le second dans la magistrature. Nicolas Brice fut nommé en 1585 chanoine de la Cathédrale de Rouen, tandis que Jean son frère devenait Conseiller du Roi, Auditeur en la Chambre des Comptes de Normandie. Ce dernier eut deux fils, l'un, Barthélemy, fut chanoine comme son oncle, l'autre, Pierre, siégea plus tard aussi à la Cour des Comptes. Aidé des revenus d'un riche patrimoine, Nicolas Brice se montra très généreux pour la Cathédrale, tant pendant sa vie, que par ses dispositions testamentaires à l'heure de sa mort; il fit de nombreuses fondations qu'il entretint par le don d'assez fortes sommes. Il se plut même si libéralement à meubler et à décorer la chapelle de Sainte-Catheriné, qu'à l'époque de sa mort, elle était plutôt connue sous le nom de *Chapelle de M. Brice* que sous son ancien vocable. Son neveu Barthélemy devint dans la suite, de 1639 jusqu'à 1647, intendant de cette même chapelle, et en souvenir de son oncle, fit décider par le Chapitre, que la fête de saint Brice, Évêque et Confesseur,

IV

serait célébrée à l'avenir solennellement dans la Cathédrale (1).

La vie de ce Saint est utile à rappeler ici, surtout pour
l'intelligence de notre seconde strophe, dans laquelle il
est fait allusion à un de ses miracles.

Saint Brice, disent les hagiographes, fut élevé par saint
Martin de Tours dans le monastère de Marmoutier, mais
se relâchant de sa ferveur première, il exerça très souvent
la patience de son maître. Jamais pourtant celui-ci, inspiré du ciel, ne désespéra de l'avenir de Brice ; il lui
prédit même qu'il se convertirait et deviendrait son successeur. En effet, après la mort de saint Martin, Brice devint
Evêque de Tours. Dieu voulut toutefois lui faire expier
par des tribulations ses anciennes fautes, et quoique,
depuis son élévation, sa conduite eût été tout à fait
exemplaire, sa réputation fut un jour gravement atteinte
par la calomnie. La trente-troisième année de son Epis-
copat, il fut accusé par une fille qui venait d'accoucher de
l'avoir séduite. Brice fort de son innocence, se fit apporter l'enfant et lui dit : Je t'adjure, par Jésus-Christ,

(1) Mess. Barthelemy Brice, Chanoine et Conseiller en Parlement
a eu devotion de faire celebrer le 13 Novembre la feste de S. Brice,
Arch. de Tours, avec toute la solemnité possible, ayant pour cet effet
assigné retribution considerable à ceux qui assisteroient à l'Office ce
jour là, par Contrat passé le 15 Février 1669. (*Histoire de l'Eglise Cathédrale de Rouen*, par le P. Pommeraye, p. 604.)

de déclarer devant tous si c'est à moi que tu dois le jour; aussitôt l'enfant répondit : Non, vous n'êtes pas mon père. Cependant comme le peuple restait incrédule malgré ce miracle, il en fit un autre pour achever de le persuader: il mit des charbons ardents dans son rochet, et tandis qu'il les tenait contre sa poitrine, on vit une flamme jaillir, sans que ses mains ou ses vêtements en reçussent aucune atteinte. De même, dit-il alors, que ce vêtement a été préservé du feu, de même mon corps est resté pur de tout commerce avec cette femme.

On voit encore aujourd'hui dans la chapelle de Sainte-Catherine, à la Cathédrale de Rouen, avec les armes des Brice, une suite de panneaux fort remarquables dont les peintures représentent les différentes scènes qui composent cette légende.

Cette dévotion à la mémoire du saint Evêque de Tours était partagée par les autres membres de la famille des Brice. Dans l'église de Saint-Nicolas, à la chapelle de Sainte Reine, ils avaient fait placer une verrière où était représenté saint Brice, et au bas leurs armoiries; tous les ans aussi, la veille et le jour de la fête de saint Brice, on chantait en son honneur dans cette église les premières et les secondes vêpres, et l'on célébrait une grande messe solennelle. Dans le monastère des Religieux Célestins, ce fut contre la chapelle de saint Brice, que Pierre Brice, sieur de Bouclon, fit inhumer sa femme Geneviève Voisin; sur le marbre noir qui la recouvrait on voyait, au-dessus d'une inscription en lettres d'or, deux blasons accolés, celui des Brice, *Ecartelé par une croix d'azur, chargée de onze losanges d'or; au 1 et 4, d'or, au chevron de sable, accompagné de trois brosses du même, 2 et 1; au 2 et 3, de gueules, à la molette couronnée d'or (1)*, et celui des Voisin, *D'azur, au vol d'argent, accompagné en chef de deux croissants d'or et d'une croix fleurdelisée du même en pointe*.

Enfin, au cours de la pièce que nous réimprimons, non-seulement nous apprenons qu'il y avait, parmi les dépendances de cette maison de campagne voisine de la Bouille, une chapelle dédiée à saint Brice, où l'on convoquait à différentes cérémonies religieuses les habitants des environs, mais encore que le lieu où se trouvait située cette demeure de plaisance était, par ses familiers, appelé *Saint-Brice*. Disons, pour être exact, que cette dénomination semble n'avoir été qu'une flatterie imaginée afin d'être agréable à son généreux propriétaire, car ce nom n'apparaît sur aucune carte ni dans aucune relation géographique.

----

(1) Ce sont ces premières armoiries que l'on voit en tête de la *Description*, nous les avons fait graver et mettre à cet endroit comme elles le sont dans la pièce originale.

C'est au milieu d'un grand nombre de pièces insérées dans un Recueil en 7 volumes in-4º appartenant à la Bibliothèque municipale de Rouen (nº 2932, du Catalogue des Belles-Lettres, publié en 1830) que se trouve cette *Description du lieu de Saint-Brice, près de la Bouille, au bas Caumont.* Elle forme la première partie, et la seule vraiment intéressante pour nous, d'un court opuscule de 19 pages, sans titre, sans date, sans nom de lieu ni d'imprimeur ; le reste se compose d'oraisons, d'instructions, de poésies latines et françaises ayant seulement rapport à saint Brice, à sa vie et à ses miracles. Signalons-y pourtant encore quatre curieuses gravures ; d'abord trois portraits : Jean Brice, le premier de cette famille qui ait été Auditeur en la Chambre des Comptes de Normandie, le Chanoine Nicolas Brice et Pierre Brice, l'autre Conseiller du Roi, Auditeur en la Chambre des Comptes. C'est à ce dernier qu'appartenait à cette époque la maison située sur les bords de la Seine et c'est à lui aussi qu'en est dédiée la *Description.* Enfin, la quatrième gravure représente le trait le plus mémorable de la légende de saint Brice, le miracle des charbons enflammés ne brûlant ni ses mains ni ses vêtements.

Je hasarderai en terminant, sans trop craindre de me tromper, mes conjectures sur le lieu d'impression et sur la date du mince volume en question. Outre l'intérêt tout local, tout particulier de cette production *ad amicum*, qui déjà nous la fait supposer rouennaise, les caractères et les fleurons rappellent dans l'original les livres imprimés par Laurens Maurry. J'ajoute que les artistes qui ont signé les gravures, I. Toutain et H. David étaient de Rouen; c'est même le nom de ce dernier qu'on lit le plus souvent au bas des nombreuses figures de l'*Imitation* de P. Corneille sortie entre les années 1653 et 1656 de l'officine de L. Maurry. Pour la date enfin, il semble qu'on la doive nécessairement placer vers le milieu du XVIIᵉ siècle ; outre les raisons qui viennent déjà d'être données à l'appui de cette opinion, cette date se précise absolument par le millésime 1652, qu'on aperçoit sur l'un des trois portraits signalés plus haut.

A MONSIEVR
BRICE, ESCVYER, CON-
SEILLER DV ROY, ET AVDITEVR
EN SA CHAMBRE DES COMPTES
en Normandie.

Defcription du Lieu de S^t B R I C E, pres de la Boüille
au bas Caumont. *Par M. R. B.*

ODE.

Eiovr d'admirable Structure,
Qui charme doucement mes fens,
Que j'ayme tes Lieux innocens,
Où l'art defere à la Nature.
Saint Brice, dedans mon ardeur,
Ie t'invoque au lieu de nos Mufes :
Aupres l'efclat de ta Grandeur
Elles feroient toutes confufes :
Leur fuperbe Palais ne pouuant s'efgaler
Au lieu où tu as pû voler.

A

Sans rechercher leur source sainte
   Ce feu que tu tiens en tes mains,
   Qui fit recognoistre aux humains
   L'estat d'vne ame toute sainte,
   Luy qui montra ta pureté
   Contre vne Paillarde perfide,
   Au dessain que i'ay projetté,
   Vien aujourd'huy seruir de guide
   Pour paindre dans ses Vers l'agreable Sejour
   Que tu proteges nuit & iour.

Tant de Beautez s'offrent en veuë,
   Qu'on ne sçait par où commencer,
   Ces Monts qui semblent se hausser
   Pour soustenir l'humide Nuë;
   La Riviere où tant de Bâteaux
   Passent & repassent sans cesse,
   Nous font, par des Objets nouueaux,
   Oublier ce que l'œil delaisse,
   De sorte qu'on ne peut iuger parfaitement
   Quel est le plus bel Ornement?

Si tost qu'on est sur le Riuage,
   Trois Voutes dessous le Rempart,
   Donnans accez en l'autre part,
   Vous montrent vn beau Paysage;
   Vn Verger dressé au niveau
   Fait admirer sa Symmetrie;
   Où châque Fruict paroist si beau
   Qu'il charme vostre œil, & le prie
   D'aller flatter le goust, afin de l'exciter
   De le cuëillir, & d'en taster.

Paſſant deſſous ces belles Voûtes,
　Mon eſprit s'eſtoit emporté
　Parmy tant d'excez de beauté,
　Qu'il auoit delaiſſé ſes Routes :
　Car d'abord il faloit parler
　Des Beautez de la grande Allée,
　Qui ſur ces Voûtes pend en l'air,
　Sans eſtre iamais trop hallée ;
　Le Plant des deux coſtez de ſes Rameaux eſpais,
　En tout temps luy donnant le frais.

La Maiſon que la Politéſſe
　Releve plus que ſa Grandeur,
　N'apprehende iamais l'ardeur
　De la plus grande Sechereſſe :
　Ces Grottes taillées au ciſeau
　Se rient de la Caniculle ;
　Et Phebus avec ſon flambeau,
　Quoy qu'il avance ou qu'il reculle,
　N'a iamais pû mener ſes chevaux haraſſez
　Rafraichir dans ces Lieux glacez.

Le Balcon monſtre l'Induſtrie
　D'vn judicieux Artiſain,
　Surmontant en tout le Deſſain
　Des autres Balcons de Neuſtrie ;
　De là l'œil peut de toutes parts
　Rechercher à ſe ſatisfaire ;
　Et pas vn de tous ſes regards,
　Ne le peut chocquer ny deſplaire,
　Rencōtrant en tout lieu & en châque moment,
　Des Objeęts de contentement.

Si c'eſt vne prunelle viſue,
Qui ayme les Eſloignemens,
Parmy ces beaux Compartimens,
Elle trouve la Proſpeƈtive ;
Nous avoüant ingenuëment,
Que Zeuxis avec ſes peintures, .
Euſt pû perdre le Iugement
Au milieu de tant de Figures :
L'eſprit le plus ſubtil ayant peine à choiſir
Le plus parfaiƈt de ſon Plaiſir.

La Chapelle, quoy que petite,
N'en eſt pas le moindre Ornement,
Son Patron exauçant ſouuent
Le Peuple qui lui rend viſite :
Auſſi pendant le Iubilé,
Par vn Vœu extraordinaire,
Tout le monde y fut appelé,
Afin qu'en ce Lieu ſalutaire
Il vint ſe proſterner, demandant le ſecours
Du grand Archeueſque de Tours.

Icy la chaſte Colombelle
Rencontre vn aſſeuré repos ;
Les rochers rendant des Echos
Des plaintes que fait cette Belle :
Venus la banniſſant des Cieux,
Luy donnant ce lieu pour Retraite,
Comme vne place que les Dieux
Eſtimoient eſtre tres-parfaite ;
D'où prenāt ſon eſſor dans le vague des airs,
Elle peupla tout l'Vniuers.

Si voſtre

5

Si voſtre veuë eſt curieuſe
 De voir quelques objets nouueaux
 Vous pouuez en quittant les eaux
 Monter la Coſte ſpacieuſe,
 Le ſeul aſpeĉt de ſa grandeur
 Chocque l'eſprit et l'eſpouuente ;
 Mais le frais comme la verdeur,
 Vous réioüit & vous contente,
 Et trente cabinets où l'on vous fait paſſer,
 Menent au haut ſans ſe laſſer.

❁

Ces chemins conduits par ambages,
 Bien qu'expoſez en plein Soleil,
 Ne craignent l'ardeur de ſon œil :
 Eſtans couuerts de beaux ombrages,
 Les arbres plantez au cordeau,
 Font voir de iuſtes Paralelles,
 Où les fruits à pierre ou coûteau,
 Nous monſtrent des beautez nouvelles,
 E'gayans les eſprits, l'œil & les autres ſens,
 De diuers plaiſirs innocens.

❁

Vne allée à perte de veuë,
 Qui conduit dans le bois Rommois,
 Charmeroit les yeux de nos Rois,
 Si elle leur eſtoit connuë :
 Vn ombrage perpetuel,
 Fait vne ſolitude horrible,
 Où le Sanglier fier & cruel
 Vient cacher ſa hure terrible,
 Et chercher à l'eſcart dans ce vaſte deſert,
 Où ſe ſoüiller en lieu couuert.

B

6

Si l'orgueilleuse Semirame
        Euſt jadis veu ces Promenoirs,
        Elle auroit blâmé les manoirs,
        Qui cacherent long-temps ſa flame :
        Le vain eſclat de ſes jardins,
        Qui paſſerent pour des merueilles,
        Dans l'eſprit de ſes Citadins,
        N'aprocherent iamais des treilles,
        Dont ces lieux ſi charmans ont le chef Couronné
        Dés le temps que Bachus fut né.

❀❀

Lors que le Ciel eſt ſans nuages,
        Et que Phebus de ſes rayons,
        Fait fumer tant de beaux ſeillons,
        Dont Ceres pare nos Villages :
        D'vn trait d'œil on peut deſçouvrir,
        Le haut de ſainte Catherine,
        De là les yeux peuuent courir,
        Iuſque ſur la grotte divine,
        Du Sᵗ qui tout vivant en fuyant les Clochers,
        S'enſevelit dans les Rochers.

❀❀

Suivant des yeux le cours de Seine,
        Sur la gauche l'on void Beaulieu,
        Agreable ſeiour d'vn Dieu,
        Qui tire ſes Vaiſſeaux de peine :
        En ce lieu le grand ſaint Clement,
        Montre l'effet de ſa puiſſançe,
        Regiſſant ce fier element,
        Il reprime ſon inſolence,
        Et l'ancre qui ſervit pour ſubmerger ce Saint,
        Calme l'eau où il fut éteint.

Là le Pilotte s'humilie,
    Et faisant tirer son Canon,
    Les eschos redisent le nom,
    Qui luy a conservé la vie :
    Saint Clement cent fois repeté,
    S'entend sur les bords du Rivage,
    Où la Chiourme en gayeté,
    D'estre eschapée du naufrage,
    Vient accomplir le vœu qui (dedans le danger)
    Fut fait en pays Estranger.

L'affection est si estroitte,
    Entre ces deux nobles Germains,
    Qu'on ne peut chez tous les humains,
    En treuuer vne plus parfaite :
    La mere de diuision ,
    L'enuie à la noire malice,
    Ne peut empescher l'vnion,
    De S. Clement auec saint Brice,
    Tous deux mesme desir, & tous deux constamment,
    Tombent dans vn seul sentiment.

Quel plaisir de voir par la pleine,
    Quantité d'objets tous divers,
    Les bois avec leurs Rameaux vers,
    Ioint au replis que fait la Seine :
    Tiennent nostre esprit en suspens,
    Nos yeux tant seulement agissent,
    Laissant dormir les autres sens,
    Cependant qu'ils se resioüissent,
    Et l'ame en ce transport voudroit qu'vn coup des
    Changeast nos pores en des yeux.   (Cieux,

Deux cens plaifirs s'offrent en fuitte,
  Pour s'exercer & diuertir :
  Le Levraut que l'on fait partir,
  Eft tué apres vne fuitte :
  Le Caillard & le Perdreau,
  Viennent fouuent orner les tables,
  S'ils y trouvent le Lapereau,
  Les mets en font plus deleƈables ,
  Et donnent aux Chaffeurs vn affamé defir,
  De renouveller ce plaifir,

                    ✻✻

Si vous voulez chercher la frefche,
  Pendant la plus grande chaleur,
  L'eau en fe raillant de l'ardeur,
  Donne le plaifir de la Pefche :
  Les rets enferment les poiffons,
  Et les trainent fur le Riuage ,
  Ils dancentdeffus les fablons,
  Ne pouuans fe remettre à nage,
  Et le gay Matelot en quitant le timon ,
  Va fauter au col d'vn Saumon,

                    ✻✻

Alors que la Seine remonte,
  Contre fon ordinaïre cours,
  En fe roulant dans les detours,
  Des prairies qu'elle furmonte :
  La Bare choƈque viuement ,
  Malgré la Digue qui s'opofe,
  Sautant impetueufement,
  Elle renverfe toute chofe,
  Rompât diffipe, emporte arbre, pierre ou terrain
  Qui veut retarder fon deffein.

                              Apres

Apres comme victorieuse,
   Alentissant sa cruauté,
   Elle nous fait voir la beauté,
   De sa surface gracieuse :
   Quoy qu'elle glisse promptement ,
   Et que sa course soit rapide ,
   On void avec estonnement ,
   Son eau sans vne seule ride ,
   Si ce n'est que le vent soufflast lors du levant ,
   Pour s'opposer à son courant.

Ce reflus où l'on ne void goute ,
   Quoy qu'il paroisse tous les iours,
   Dans l'estravagant de son cours,
   Il met le plus subtil en doute,
   Et Phebus à cét accident,
   Voyant l'eau rechercher sa source,
   Il craint que le Dieu du trident,
   N'éleve ses Flots iusqu'à l'Ourse ,
   Et qu'il n'aille loger chez les Poissons des Cieux ,
   Ses Nimphes & ses demy-Dieux.

L'Hiver avec sa froide mine,
   Nous fournit icy mil oyseaux ,
   Tant sur la terre que les eaux ,
   Propres pour coucher en cuisine :
   Le Cigne, l'Oyson, le Canard ,
   Les Plouviers avec la Cercelle,
   Rendant le Giboyeur gaillard,
   Le font coucher en la Nacelle,
   D'où il revient souvent gelé & morfondu,
   En regrettant le temps perdu.

En fin il faut ceſſer d'écrire,
Car ce ne ſeroit iamais fait,
Qui voudroit faire le Portrait
Des choſes qui reſtent à dire
De Sainct Brice, de tout mon cœur
Ie vous conſacre cet Ouvrage,
Vous auez pouſſé mon ardeur
A crayonner ce Payſage;
Et vôtre vin diuin tout charmant & tout frais,
Eſt cauſe des Vers que j'ay faits.

FIN.

MISCELLANÉES

2ᵉ Série

PIÈCES HISTORIQUES ET LITTÉRAIRES

RECUEILLIES ET PUBLIÉES

PAR

PLUSIEURS BIBLIOPHILES

ROUEN

IMPRIMERIE DE HENRY BOISSEL

M.D.CCC.LXXXI.

LA
MÉTAMORPHOSE DES NYMPHES
DES BOIS D'ACQUIGNY
EN TRUITES SAUMONÉES

PAR N. PIEDEVANT

RÉIMPRESSION FAC-SIMILE

PRÉCÉDÉE D'UNE INTRODUCTION

PAR

C. LORMIER.

ROUEN
IMPRIMERIE DE HENRY BOISSEL

MDCCC.LXXIX.

lui succéda, mode plus éphémère mais incontestable ;
pendant une courte période elle envahit tout, les Arts
et les Lettres. La Peinture et la Sculpture y trouvèrent
de nombreux éléments de succès, le Théâtre, au moins
l'Opéra, l'occasion des surprises les plus inattendues
pour les yeux ravis des spectateurs ; Ovide fut alors
l'auteur recherché, on le traduisit en prose, en vers, on
le commenta, on l'imita.

Voiture, « l'Amour des beaux Esprits », métamorphosa, en l'honneur de M*** la marquise de Rambouillet,
Lucine en Rose ; il imagina, pour M*** de Montausier, la
belle Julie d'Angennes ; la *Métamorphose de Julie en
Diamant* ; galamment encore, il changea *Leonide en Perle*
pour M*** Paulet, cette autre belle, aux cheveux dorés,
que Somaize, dans son grand dictionnaire des Précieuses,
a appelé la consolation des rousses.

Le P. Le Moyne, ne se contentant pas de faire adresser
par le Soleil, par les Muses et par les Nymphes des *lettres
morales et poëtiques* au Roi et aux grands dignitaires de
la Cour, *métamorphosa*, vers ce temps, avec une remarquable ardeur. On planterait un partérre délicieux avec
les bergers et bergères que sa plume, sans doute bien
étonnée de faire tant de prodiges, changea en Aubépine,
Oranger, Laurier-Rose, Violette, Narcisse, etc.

Les Nymphes surtout devinrent, suivant le caprice
des auteurs, les victimes ou les héroïnes des transfor-

mations les plus merveilleuses ; elles étaient d'ailleurs,
paraît-il, susceptibles de reconnaissance, ainsi un poëte,
ayant un jour changé certaines d'entre elles en Roses
fraîches et odoriférantes, reçut ce précieux remercî-
ment :

> Auteur de ces Métamorphoses,
> Les Dieux te promettent qu'un jour,
> Ces fraîches et divines Roses
> Te transformeront à leur tour,
> Et pour reconnaître ta peine
> Te rendront ta figure humaine.

Sans que ce soit un bien grand honneur pour le genre,
l'abbé Cotin a écrit l'*Uranie ou la Métamorphose d'une
Nymphe en Oranger.* J'en fais mention, parce que dans sa
préface, il s'étend didactiquement sur *le sujet et la fin des
Métamorphoses,* expliquant *quel mystérieux rayon se doit
rencontrer entre la Fable qu'on raconte et les véritables qualités
des Personnes illustres en faveur de qui on la compose.*

Si l'on éprouve le juste scrupule de mêler à ces noms
celui de La Fontaine auteur des *Filles de Minée* et du charmant récit de *Philémon et Baucis,* on devra reconnaître
que le chef-d'œuvre de la Métamorphose fut, sans contre-
dit, le petit poëme de Cerisey : *Les Yeux de Philis changés
en Astres.* Boursault nous apprend, dans son avis au lecteur, précédant sa pastorale sous le même titre, que ces
vers s'étaient acquis tant de réputation que peu de personnes, capables d'être touchées par les belles choses, les

avaient lus, sans en avoir appris plus de la moitié par
cœur ».

Ce fut certainement l'écho des applaudissements donnés
à ce genre de productions qui inspira au curé de Forest,
Nicolas Piedevant, la pensée d'offrir la *Métamorphose des
Nymphes des bois*, comme présent d'étrennes, en l'année
1655, à Madame de Longueville, de passage au château
d'Acquigny. Les vers coulaient sans peine de sa plume
accoutumée dès longtemps à les produire nombreux sinon poëtiques. Bien des fois il avait envoyé à ses juges,
dans différents procès qu'il poursuivait devant le Parlement de Rouen, ses placets, ses factums, ses requêtes,
ses remercîments tout entiers versifiés; il avait aussi
jadis mis en vers, les dédiant à Anne d'Autriche, *la Vie
et Miracles de saincte Clotilde, patronne d'Andely*.

La réputation des personnes, la beauté du site où se
donnèrent les fêtes, étaient dignes d'être célébrées par
un poëte ; le château d'Acquigny était regardé comme
une merveille, on savait qu'il datait de l'époque de
François I, qu'Anne de Laval, mariée à Louis de Silly,
seigneur de la Roche-Guyon, l'avait fait bâtir sur l'em-
placement d'une ancienne forteresse, et son plan tout
à fait extraordinaire figurait, prétendait-on, les lettres
A S L entrelacées.

De quelque manière que N. Piedevant ait rempli
sa tâche, la rare plaquette qu'il fit imprimer en cette

circonstance, est intéressante à connaître, elle ravive des épisodes depuis longtemps oubliés : la venue, dans cette partie de la Normandie, de la duchesse de Longueville, les curieux détails de la réception qui lui fut faite, la possession, vers ce temps, du château d'Acquigny, par le Maréchal de camp Leblanc du Rollet, seigneur de la Croisette (1), possession de courte durée, puisqu'après avoir gardé seulement dix ans cette terre, il la revendit pour 180,000 livres, dès le mois d'octobre de l'année suivante 1656, à Claude Le Roux, seigneur de Cambrémont, Conseiller au Parlement de Rouen.

Je n'essaierai pas, pour compléter cette introduction, de donner des détails biographiques sur N. Piedevant, M. Alfred Canel, mieux placé pour en obtenir, n'a guère recueilli que des dates : d'abord 1629 nous le montre vicaire à Acquigny, nommé cette même année curé de Forest en Vexin, viennent ensuite les dates inscrites sur

---

(1) Je n'ai trouvé aucune biographie de ce personnage, il paraît pourtant peu probable qu'il n'en ait point été écrit. Sa bravoure et son honorable conduite à l'époque de la Fronde, sa généreuse et sage administration pendant le temps qu'il fut grand bailli et gouverneur de la ville de Caen, enfin ses vertus personnelles lui méritaient, au moins autant qu'à un autre, cet honneur. Rappelons que lorsqu'il mourut, le 26 janvier 1680, âgé de quatre-vingts ans, entre autres libéralités, il laissa un fonds de 20,000 livres pour l'Hôpital général de Rouen.

ses différents opuscules tous imprimés à Rouen chez Laurens Maurry, la dernière est 1662.

En terminant, moins pour inciter à admirer absolument le poëte de *la Métamorphose des Nymphes des bois d'Aquigny*, que pour tenir le lecteur en garde contre le danger de devenir inconsciemment criminel en n'accordant point un assez bon accueil à son œuvre, je m'empresse de transcrire l'anagramme trouvé sur son nom par un de ses contemporains :

NICOLAS PIEDEVANT.
CE NOM PLAIST A DIEV.

C'est à bon droit que dans l'estime
PIEDEVANT paroist en tout lieu,
Ne le pas aimer, c'est un crime,
Sçachant que CE NOM PLAIST A DIEV.

LA
METAMORPHOSE
DES NYMPHES DES BOIS
D'AQVIGNY,
EN TRVITES SAVMONNE'ES
de la Riuiere d'Eure qui paſſe audit lieu.

A MADAME,
MADAME LA DVCHESSE
DE LONGVEVILLE,
eſtant de preſent au Chaſteau dudit Aquigny.

STANCES.

I.

VE les ingrats ſont odieux
Aux ſentimens de tous les
    Dieux,
Puiſque dãs leurs pleines de-
Ce crime porte leur pouuoir   (lices
A liurer aux derniers ſupplices
Ces cœurs rétifs à leur deuoir.

A

2.

On dit vn iour que Iuppiter,
Qu'il ne faut iamais dépiter
A moins qu'aussi-tost se resoudre
De cheoir en proye aux maux diuers
Que fait l'épouuentable foudre
De son homicide reuers.

3.

Ce Pere ayant ietté les yeux
Sur les plus agreables lieux
De tous les cantons de la terre,
Pour y rencontrer vn seiour
Où les fiers rameaux de la guerre
Fissent place aux roses d'amour.

4.

Dans ce Globe presqu'infiny
Sa Grandeur ne vit qu'AQVIGNY
Qui fust digne de ses caresses,
Et le plus propre où le Destin
Pour tous les Dieux & les Déesses
Luy fist vn solemnel Festin.

5.

Entre Evreux, Gaillon, & Louviers,
Eure qui court sur des graviers,
Passe dans ce Bourg honorable;
Qui rend ce lieu si gracieux,
Que du iour la torche adorable
Ne voit rien d'égal sous les Cieux.

6.

Cette vallée a des appas
Où les Parques ne peuuent pas
Estendre aisément leurs rauages,
Tant sous l'accord des Elemens
Les monts, la plaine, & les riuages
Y donnent de bons alimens.

7.

Là Cerez jaunit les guerets,
Là Bacchus rougit les clairets,
Diane y fait ses nobles chasses;
Vertomne y fauche ses moissons,
Et Palemon a les mains lasses
D'y prendre les friands Poissons.

A ij

8.

C'eſt là que les beaux yeux des fleurs
Font voir ceux de l'Aurore en pleurs,
Là ſont les Deſſerts de Pomone,
Et le doux murmure des eaux
Dit aux Violons de Cremone
Qu'ils choquent le chant des Oyſeaux.

9.

Dans le grand pourpris de ce val
La Comteſſe ANNE DE LAVAL
Baſtit ſon Chaſteau de plaiſance,
Si beau, ſi riche & glorieux,
De l'Art qui fait ſa ſuffiſance
Que tout le plan en rit aux yeux.

10.

A deux cens pas de ce Chaſteau,
Prés du Fleuue, au haut d'vn côteau,
Ganymede couurit les Tables
Dans l'enclos du Chaſteau Robert,
Tout orné de Bois delectables,
Où Zephyre a toûjours du vert.

11.

Cybele d'vn soin gracieux
Y porta ses dons precieux,
Là toutes les delicatesses
Qu'ont les Mets & les Instrumens,
Pour tous les Dieux & les Déesses
N'auoient que des rauissemens.

12.

Si-tost que le bel Apollon
Porta l'archet au Violon,
Les Graces & la Courtaisie
Seruirent ce Banquet diuin,
Où le Nectar & l'Ambrosie
Firent tout l'office du Vin.

13.

Quand le Repas fut acheué,
Que chacun des Dieux fut leué,
Pour n'oster pas à l'Abondance
L'ornement qui luy donne prix,
Juppiter voulut que la Dance
Fust l'ébat des diuins Esprits.

A iij

14.

Lors toutes les Nymphes des bois
Dançant aux accords du Haut-bois,
Ouuroient leurs cœurs à la Victoire :
Mais le Concert eſtant finy,
Juppiter en donna la gloire
Aux Nymphes des bois d'AQVIGNY

15.

Tous les Dieux furent ébahis
Que les Nymphes de ce païs
Sur les bocageres Déeſſes
Faiſoient encherir leurs appas,
Et ſuiuoient le mieux les adreſſes
D'Apollon qui joüoit les pas.

16.

Jamais (dit-il) ie ne pleigny
Ma Grace aux Nymphes d'AQVIGNY ;
Car chacun les trouue ſi belles,
Et dit ſi bien de leur amour,
Que le recit qu'on m'a fait d'elles
M'oblige à leur faire la Cour.

17.

Puis j'entens (leur dit Juppiter)
Pour mieux mes faueurs meriter,
Que vostre humeur la plus ciuile
Honore d'vn nouueau balet
La Duchesse de LONGVEVILLE,
*Au Chasteau d'*ANNE DV ROLLET.

18.

Cet Objet du Sang de CONDE',
Et de BOVRBON, *sera fondé*
De qualitez si souueraines,
Qu'excepté celle des Gaulois,
L'Vniuers n'aura point de Reynes
Qui ne doiuent aimer ses Loix.

19.

Pallus sous ses rares vertus
Verra ses honneurs abatus ;
Car si de l'vne à l'autre Zone
Elle obtient le Gouuernement,
On ne vit iamais Amazone
Regner plus souuerainement.

A iiij

20.

Ses celeſtes perfeƈtions
Picqueront vos affeƈtions
A luy rendre vn deuot hommage;
Car à voir ſon front radieux,
Vos yeux croiront que c'eſt l'image
Que Junon a parmy les Dieux.

21.

Puis ſon Dvc *eſtant de retour*
De Paris, où ſera la Cour,
Qu'on luy chante vne ſerenade
Lors que joyeux, libre & diſpos,
Où la Chaſſe, où la promenade
Le voudront rendre à ſon repos.

22.

Ce Heros, Henry d'Orleans,
Plus genereux que les Geants,
Aura tant d'heur en ſa parole,
Qu'il fera rallier les Droits
Qui ſont de l'vn à l'autre Pole,
Aux appartenances des Rois.

23.

Son Cœur yſſu du Sang Royal,
Sera ſi ferme & ſi loyal
Au bonheur de toute la France,
Que le Qautorʒiéme LOVIS
Sous ſes ſoins verra la ſouffrance
Loin de ſes Eſtats réjoüis.

24.

L'excellence de ſon Eſprit,
Dans celuy du Roy meſme écrit,
Aura des clartez ſi parfaites,
Que la Paix, qu'on ne peut payer,
N'aura ſes clauſes ſatisfaites
S'il n'en fait dreſſer le Cahier.

25.

Ce Prince fera pleinement
Rire ſous ſon Gouuernement
Tout le rond de la Normendie,
Tant heureuſe durant ſes iours,
Que nul n'y ſera qui mendie
Que l'honneur de le voir toûjours.

26.

Vos devoirs faits à leurs Grandeurs,
Ne priuez pas de vos ardeurs
Les merites de La Croisette,
Et pour mieux les rendre immortels
Il les font écrire en rosette
Aux corniches de mes Autels.

27.

Ce Rollet, *Baron d'*Aqvigny,
Sera fort à ce Prince vny,
Et d'vne si constante chaisne,
Que sa foy ne luy faillira
Pendant que le Fleuue de Seine
Les Ponts de Paris moüillera.

28.

Aussi ce Prince tant heureux
A cet Esprit auantureux,
Donnera tant de recompenses,
Qu'vn iour son noble reuenu
Pourra répondre des dépenses
D'vn Regiment entretenu.

29.

Ces ingrates trop aigrement
Gouſterent ce commandement,
La troupe des Dieux s'en offence
Blâmant ce fait malicieux,
Et pas-vn ne prend la défence
De leurs eſprits capricieux.

30.

Aux plus douces à leur deuoir
Les Deſtins permirent d'auoir
Les traits de l'humaine ſemblance,
D'vn teint ſi blanc & tant vny,
Que c'eſt d'où prouient l'excellence
Des belles filles d'AQVIGNY.

31.

Mais Themis qui peſe les droits
Auſſi bien des Dieux que des Rois,
Saiſit les autres vagabondes;
Et de l'aduis de tous les Dieux
Condamne à la mercy des ondes
L'horreur de leur crime odieux.

32.

Oüy, ie veux (dit lors Iuppiter)
Les voir en l'eau précipiter,
Qu'Eure, des pieds iusqu'en la bouche,
Les metamorphose en Poiſſons,
Et que leurs corps pour vne mouche
Se face pendre aux hameçons.

33.

Je veux que hors cet Elément
Bacchus les paſſe en aliment
Qui paiſſe le gouſt & la veuë,
Et qu'où leur orgueil aboutit,
Entre le nombril & la queuë
Soit le morceau de l'appetit.

34.

Qu'à leur teint le pourpre attaché
Marque la peine du peché
Qui les flétrit et qui m'affronte;
Et pour auoir armé mes mains,
Que leur chair rougiſſe de honte
Au conſpect de tous les humains.

35.

Partant, ie veux que cet Arreſt
Preſſe le Curé de Foreſt
D'en écrire en Vers les paroles;
Car eſtant Enfant d'Aqvigny,
Il faut que ſa Rime & mes Rôles
S'en liſent iuſqu'à l'infiny.

36.

L'Arreſt donné, leur front ſi beau
Perdit ſa forme au fond de l'eau,
Puis toutes leurs Graces détruites,
Doride, Déeſſe des Flots,
Dans des corps de grandes Truites
Cacha leur honte & leurs ſanglots.

37.

Combien fut grand leur repentir
Quand le Fleuue leur fit veſtir
Tant de paillettes écaillées!
Qu'Iris, l'Aurore & le Soleil
Peignent d'Eſtoilles émaillées
Qui les font connoiſtre à noſtre œil.

38.

Or des crimes le Dieu vengeur
Fera toûjours voir la rougeur
Dans leur chair jadis fauonnée,
Pour enfeigner aux Curieux
D'où la Truite faulmonnée
A pris fon nom myfterieux.

39.

Quand la Princeffe en va pefcher
Elles ne peuuent s'empefcher
D'auoir vn peu l'œil fur fa face,
Dont l'éclat n'a rien de pareil
Qu'vne Venitienne glace,
Quand elle eft pleine du Soleil.

40.

Elles n'ont pas la priuauté
D'enuifager cette beauté
Durant la moindre part d'vne heure,
Que foudain coulant fous les eaux
Elles vont prendre vne demeure
Deffous l'herbe, où dans les rofeaux.

41.

Tous les Friands ont beau prier,
Tous les Marchands ont beau crier,
Quand on auroit la mort à l'ame,
Les Truites sont en prison;
Mais quand on dit, c'est pour Madame
La Riuiere en donne à foison.

42.

O! que leurs regards sont confus
De nos vœux, & de leur refus
Enuers le Prince & la Princesse,
Où leurs ferueurs deuoient courir
Pour fuir le Sort qui sans cesse
Nous fait viure & les fait mourir.

43.

Mais qu'il en meure vn cent par iour,
Pourueu toûjours qu'à nostre amour
La Riuiere d'Eure en fournisse
Dans tous les temps doux & diuers
Et que sur chacune on benisse
L'illustre sujet de mes Vers.

44.

O Fleuue & Flots bien fortunez!
Doux bain des Poiſſons ſaulmonnez,
Voſtre humeur ſeroit baſſe & vile
Si vous ne rendiez grand honneur
Aux Alteſſes DE LONGVEVILLE
Qui vous ont acquis ce bonheur.

45.

Sus donc, qu'auec nous tous vos Dieux
Chantent d'vn air melodieux
Viue le DVC *&* la DVCHESSE
Dans l'heur d'vne eternelle Paix,
Et qu'ils en cauſent la richeſſe
Au Sceptre François pour iamais.

MADAME,

De Voſtre Alteſſe,

Le 1. *de*	Le tres-humble & tres-obeïſſant ſeruiteur,
l'an 1655,	PIEDEVANT, d'Aquigny, Curé de Foreſt.

A ROVEN, De l'Imprimerie de LAVRENS MAVRRY.

POÉSIE LATINE

DE

FRANÇOIS LINANT,

BIBLIOTHÉCAIRE DU CHAPITRE DE ROUEN

SUR

LA RÉPARATION DES DÉSASTRES DE LA CATHÉDRALE

APRÈS L'OURAGAN DE 1683

AVEC UN AVANT-PROPOS ET DES NOTES

PAR

F. BOUQUET.

ROUEN

IMPRIMERIE DE HENRY BOISSEL

—

M.DCCC.LXXIX.

AVANT-PROPOS.

Une publication de notre Société, due aux soins de
M. L. de Duranville, a déjà donné le récit des dégâts
causés, dans Rouen, par le trop fameux ouragan du
vendredi 25 juin 1683, qui dévasta surtout l'église Notre-
Dame.

Mais la réparation du désastre ne se fit pas longtemps
attendre, au moins pour cette dernière, comme le montrent deux *Inscriptions sur le rétablissement de l'Orgue et
du Jubé*, commencé en 1686. Nous les avons publiées
dans les Miscellanées. (*Voir n° 12.*)

A son tour, Linant avait jadis parlé de ce même rétablissement dans une Ode, que nous avons publiée également, où la Muse est priée d'habiter la Bibliothèque
publique du chapitre, confiée à ses soins et voisine de
l'orgue, dont la réparation venait d'être entreprise. —
(*Voir les Poésies et Inscriptions latines sur la Bibliothèque
du chapitre de Rouen, Miscellanées, 1879.*)

Aujourd'hui, nous donnons du même auteur une nouvelle pièce de poésie, qui tient au même sujet, et tout
aussi rare que les précédentes, trouvée dans un Recueil
de pièces diverses de la Bibliothèque publique de Rouen,
O 749, t. III, n° 13. Elle forme deux feuillets in-4°, en
romain, complètement remplis, avec une vignette en
tête, sans nom d'imprimeur, sans lieu ni date d'impression.

C'est une Ode latine adressée, en 1686, *Au vénérable
chapitre de l'Eglise de Rouen, pour la réparation des dégâts
causés naguère par l'ouragan* de 1683. Elle n'a pas moins
de vingt-six strophes alcaïques, suivies d'un résumé,
en prose latine, des dégâts causés à trois autres églises
de la ville, mais surtout à la cathédrale.

En voici la rapide analyse. « Les Dieux nous pro-
« tègent, dit le poète, et la crainte a fait place à la joie.
« Naguère nous avons vu un terrible ouragan porter ses
« ravages dans les campagnes et dans la ville. Les églises
« de Rouen, et, plus que toutes les autres, celle de
« Notre-Dame, ont eu à souffrir de ses coups. Mais au-
« jourd'hui un jour plus serein a lui pour notre ville.
« Le roi, sur les conseils de Colbert, a contribué par ses
« dons à la réparation des désastres de la cathédrale
« aussi bien que du Hamel par ses générosités. Et le
« chapitre animé du saint désir de répandre la bonne
« littérature et le culte de la divinité, nul ne voudra

« taire ses louanges. Si le gigantesque bourdon de
« Georges d'Amboise fait retentir au loin le nom de
« l'auguste Monarque du ciel, une autre cloche, sa rivale,
« nouvellement fondue, redira le nom du chapitre,
« et un éloge plus retentissant et plus durable que
« l'airain même volera à travers les airs. »

Dans cette Ode, la description de l'ouragan et de ses
ravages occupe une assez large place et n'est pas dépour-
vue d'un certain mérite poétique. Mais comme toutes
celles du même genre, cette pièce se recommande avant
tout par les détails historiques de la fin, fort peu connus,
où l'on voit la part que Louis XIV, le coadjuteur de
l'archevêque de Rouen, Colbert, l'archidiacre du Hamel
et le chapitre de la cathédrale, en première ligne, ont eue
dans la réparation des dégâts causés par cet affreux ouragan.

A ce titre, il nous a paru utile de la tirer de l'oubli,
pour ajouter un nouveau fleuron à la petite couronne
poétique de Linant, assez célèbre de son temps, mais
dont le nôtre ne soupçonnait guère l'existence.

Aux quelques détails concernant Linant et la Bibliothèque du chapitre, donnés précédemment, dans notre
publication des *Poésies et inscriptions latines sur la Biblio-*
thèque du Chapitre de Rouen, etc., nous en joindrons ici
de nouveaux, empruntés à une pièce dont nous devons
la communication à l'obligeance de M. Ch. de Beaurepaire.

Elle fait partie de la liasse 3464, déposée aux Archives de notre département. On y voit les mesures prises par le chapitre, à la mort de son bibliothécaire Linant, qui arriva vers la mi-avril 1693. Il avait occupé ce poste depuis 1680 (1).

Voici cette pièce : « Pierre de La Lande, huissier du « chapitre de l'Eglise N^re Dame de Rouen y demeurant « Rue des Bonnetiers paroisse de St Maclou soubsigné, « ce jourd'huy dix septieme jour d'auril XVIe quatre « vingt traize sur les quatre heures après midy à la re- « queste de Monsr Me Guill. Hersent prebtre chanoine et « promoteur aux causes d'office du chap^re de lad. Eglise « je me suis transporté en la bibliotecque où estoit cy « deuant le feu sieur françois Lisnant demeurant dans « le college Dalbanne preposé à la garde des liures « estant dans la Bibliotecque pour le recouurement et « le resensement des dits liures suiuant les catalogues, « ou estant jay mis et aposé le sellé sur l'ouuerture et « fermeture de la porte de la dite Bibliotecque, pour la « conseruation de qui il appartiendra lequel dit sellé j'ay « mis et laissé à la charge et garde de Jean Lescouflet « demeurant chez Monsieur Auuray prebtre chanoine de

(1) Voir l'Avant-propos des *Poésies et Inscriptions latines*, etc., que nous avons publiées au mois de mai dernier, page 8.

« la dite Eglise qui s'est submis le representer saing et
« entier toutesfois et quantes requis en sera.

« Delalande. »

Le 21 avril suivant, on lève les scellés apposés, après
la mort de Linant, sur la porte de la Bibliothèque, et les
livres sont renfermés dans les armoires, opération qui
se renouvelle le 21 mai, « aux fins de rendre lad. biblio-
« teque libre à Messieurs dud. chapitre pour le jour de
« lascension jusqu'a ce que le recouurement et ressen-.
« sement aye esté faict suiuant les catalogues qui auoient
« esté mis entre les mains de maistre françois Linant
« preposé à la garde des d. liures. »
Enfin, une autre pièce nous apprend qu'une autre levée
de scellés eut encore lieu, le 12 juin 1693, et que l'on
procéda au recensement des livres, en présence du successeur de Linant, « le sieur Renault prebtre bibliotec-
« quaire, » dont le nom ne figure pas parmi les *commis*
cités dans les *Recherches sur la Bibliothèque des Archevêques
et du chapitre de Rouen*, par M. l'abbé P. Langlois.
Tous ces détails complètent ceux de Dom Pommeraye.
En parlant de la Bibliothèque du chapitre, il n'avait
mentionné que les qualités et les obligations du commis
chargé de la surveiller, pour sa nomination et lors de son

entrée en charge (1). On voit ici les précautions prises, à son décès, pour la conservation des livres.

Quelques jours auparavant, les lundi et mardi 1ᵉʳ et 2 juin, avait lieu, devant la maison occupée par lui, dans le collége d'Albane, la « venduë et adiudication des liures « meubles appartenans a feu mᵉ françois Linant biblio- « tequaire de l'Eglise cathedrale de Roüen laissez après « son deceds a luy appartenans. » C'est un bien modeste mobilier, où les principaux articles sont quelques tapis-series, tableaux et livres. Le retour fréquent des épi-thètes de « vieux » et de « vieilles. » dans la désignation du linge et des meubles, explique comment le produit total de la vente ne s'éleva qu'à « 311 liures 4 sols 6 de- « niers, reçus par le chanoine Auuray, le 9 juillet 1693. » Une fois de plus il fut prouvé qu'en fait de trésors les poètes n'en connaissent guère d'autres que ceux de la Muse, quand elle daigne les favoriser assez pour consentir à les ouvrir.

Comme pour les trois autres pièces précédentes du même auteur, l'imprimeur a reproduit celle-ci, en se rapprochant, le plus possible, de la disposition et des caractères de l'original, qu'il a eu sous les yeux ; mais il a été impossible d'en conserver la pagination.

F. Bouquet.

(1) *Histoire de l'Eglise cathédrale de Roüen,* p. 167.

NOTES.

(1) L'ouragan avait eu lieu trois ans auparavant, le vendredi 25 juin 1683.

(2) *Epænelicon*, formé du grec 'Επαινετικός, signifiant : « dont le « but est de louer. »

(3) Voir, dans l'Introduction de M. de Duranville (pages vi-viii), et dans la *Relation* qui la suit sur cet orage, publiées par notre Société, les détails donnés sur les églises Saint-Laurent, Saint-André-de-la-Ville, Saint-Etienne-la-Grande-Eglise, Saint-Michel et la Cathédrale, dont les vers et la prose de Linant vont rappeler les dégâts.

(4) La croix placée sur le haut du grand portail de la cathédrale, à l'extrémité de la voûte.

(5) Par la révocation de l'Edit de Nantes, le 17 octobre 1685, Louis XIV avait ordonné la destruction des temples protestants, appelés ici « les cavernes de la criminelle hérésie. » Deux médailles servirent à constater officiellement ces deux faits historiques. Celle de la révocation a pour exergue : « EXTINCTA HÆRESIS, 1685, » et celle de la destruction des temples : RELIGIO VICTRIX TEMPLIS CALVINIANORUM EVERSIS. 1685. —Voir les ANNALES DE LA MONARCHIE FRANÇOISE, par de Limiers, IIIe partie, *Explication historique des médailles de France*, p. 107.

(6) Le fils du grand ministre, Jacques-Nicolas Colbert, coadjuteur,

depuis 1680, de l'archevêque de Rouen, François IV Rouxel de Médavy.

(7) Colbert sera, en effet, nommé archevêque de Rouen, en 1691, cinq ans après cette prédiction, bien facile à faire.

(8) Il y eut deux archidiacres d'Eu du nom de du Hamel, auxquels ce passage peut convenir, l'oncle et le neveu. Mais les dates donnent à penser qu'il s'agit plutôt de ce dernier. « Messire JEAN-BAPTISTE « du Hamel, Prestre du Diocèse de Roüen, Docteur en Théologie de « la Faculté de Paris, Chanoine de la Cathédrale et Conseiller au « Parlement de Normandie, a pris possession de l'Archidiaconé d'Eu, « par la résignation dudit sieur Jean du Hamel son oncle le 4. De-« cembre 1682, » Dom Pommeraye, *Histoire de la Cathédrale de Roüen*, p. 377.

(9) Le texte original ouvre la parenthèse après le mot *sacræ*; le sens exige qu'elle s'ouvre avant ce mot. — Par cette périphrase : « Les grands de la demeure sacrée, » le poète désigne « Le chapitre. »

(10) Le fameux bourdon *Georges-d'Amboise*, placé dans la Tour-de-Beurre.

(11) Au xve siècle, parmi les onze cloches de la Tour-Saint-Romain, il y en avait quatre de différents calibres, nommées : *Guillaume d'Est-touteville, Romain, Petite-Marie* et *Complies*. « Ces quatre cloches « furent choisies, au xviie siècle, pour composer un bourdon destiné « à entrer en harmonie avec *Georges-d'Amboise*, dans la gamme de « la sonnerie. Le sieur Jean Aubert, de Lisieux, fut choisi pour ce « travail. Il fondit ces quatre cloches, le 15 janvier 1686, en un seul « bourdon, qu'il fit monter dans la tour le 6 avril; et le 16 mai sui-« vant, on le sonna joyeusement en volée. Ce bourdon reçut le sur-« nom de *Quatr'Une* ou *la Réunie*, en souvenir de son origine. Il « pesait environ 16,380 livres. » *Les Cloches de Rouen, par M. l'abbé J. Loth*, p. 18. C'est de cette cloche que parlent les deux dernières strophes de l'ode, d'une façon assez confuse, quand on ignore les faits qui viennent d'être rappelés.

(12) Nous avons eu déjà l'occasion de dire, dans une note des

Inscriptions sur le rétablissement de l'Orgue et du Jubé, que cette restauration, commencée en 1686, n'était pas encore terminée en 1689, au moins pour le mécanisme et le jeu des orgues. — Voir la note 2, page 7 de la MISCELLANÉE 12. C'est dans le même sens qu'il faut corriger un passage de l'Avant-propos des *Poésies et Inscriptions latines sur la Bibliothèque du chapitre de Rouen, etc.*, où il était dit que la restauration était « terminée », en 1686 (p. 12).

(13) Ce passage peut servir à établir, approximativement, la date de l'ode de Linant. Puisque la fonte de la cloche est du 15 janvier 1686, l'ode fut composée à une époque postérieure, mais vraisemblablement assez voisine de celle-ci. — Voir plus haut, note (11).

AD VENERABILE

CAPITULUM

ECCLES. ROTOMAG.

PRO REPARATIS RUINIS

A NUPERA (1) TEMPESTATE ILLATIS,

EPÆNETICON. (2)

 I nos tuentur, nostra Diis falus
Splendorque curæ est; jam fe alacres, pavor
    Quos décoloravit, recenti
    Lætitiâ explicuere vultus.

Hiante nuper de baratro, ô dolor,
Obducta Erinnys nube Acherontica
    Erupit, horrendam nefando
    Flagitio meditata ftragem.

Ergo per agros impia confciis
Bacchatur Euris, ac fubito impetu
    Fruges, rudimentum futuri
    Exitii, fegetefque fternit.

Eundo vim auget, fitque nocentior
Nocendo, agreftes (çeu ftipulæ) cafæ
    Volant, & in ventos revulfæ
    Stirpitus excutiuntur orni.

Nec Rura tantum diripit, amplior
Rapacem Erinnys noxa decet manum;
    En (dixit) en quæfita noftræ
    Rotomagus fcopus unus iræ.

Huc omne pondus turbinis ingruat;
Eft æqua noftris fcena furoribus,
    Aptum hoc cruentari theatrum
    Vipereoque quati flagello.

Mox addit imbres flatibus, & faces
Nimbis; acuto frigore in aëre
    Concreta cryftallus ftupendâ
    Mole cadit, populofque terret.

Credas rigenti in grandine fulmina
Claudi, & dolofâ fub glacie focos
    Stillare guttatim, ut ruinæ
    Dividuo geminentur igni.

Everberata his miffilibus ftrepunt
Danturque peffum tecta, folo domus
    Æquantur ictæ, nec tuentur
    Attonitos fua templa Divos.

Tunc rurfus uftum magnanimi latus
Laurentii ardet, tuncque per integros
    Divulfus Andreas, fupino
      Corpore difcruciantur artus. (3)

Horret cadentum tunc Stephanus truci
Rurfus procellâ fe lapidum obrui,
    Cernitque difruptis apertos
      Fornicibus patuiffe Cœlos.

Victor rebellis Luciferi Angelus
Sede ipfe pulfus truditur è fuâ;
    Simulque cum victo implicatus
      Præcipitat Michael dracone.

Sed heu dolorem (Virgo parens) tuum
Cui comparabo ? magna tua ut mare
    Contritio (ô non digna tantis
      Filia clara Sion periclis.)

Vidifti ut alto culmine dirutus
Sacer jaceret per plateas lapis,
    Turrefque vidifti ut jacerent,
      Ante fupercilio minaces.

Mirus venuftâ qui prius in rofâ
Decor nitebat marcidus excidit,
    Vernanfque fugit pulchritudo
      In fragili male tuta vitro.

Sic fumptuosæ gloria porticus
Defluxit omnis; rudera sunt, edax
  Quod fcalper aut infculpfit olim,
  Aut manus ingeniofa pinxit,

Pinnis fuperftes folus in extimis
Proftat dolentis funereus Dei
  Stipes, (4) laceffitum * hic Theandrum
  Fruftra alias, ftyge adhuc tremente.

Plangenda certè Urbs, cui miferæ nihil,
Nil præter unas fit reliquum cruces,
  (Solamen extremum imminentis
  Interitus, folitumque fignum.)

At luctuofum cauta negotium
Ne mufa longo deme filentio;
  Damnetur æternum tacenda
  Quæ memores tulit hora noxas,

An non labanti lucidior dies
Urbi refulfit? divite fedulus
  Mercede conductus redemptor
  Damna pio reparavit auro,

Qui fanctionum legibus, improbæ
Spelæa princeps hærefis atterit, (5)
  Ærario hic princeps, tonantis
  Virgineofque lares refarcit.

* Nempe in
pinnaculo
Templi.

Ter te beatum, quo fimul ac Deo
Hortante, fummus munera R E x dedit,
    C O L B E R T E ; (6) jam te in reftituto
    Non dubium manet ara Templo. (7)

Felix & ille eft qui fua regiis
Donis Hamellus (8) mifcuit, & datis
    Proludit ad majora, famæ
    Non vacuæ generofus emptor.

Nec ulla (facræ vos proceres domus (9))
Silebit ætas, fanctior arduæ
    Quos literaturæ propago
    Sollicitat, fuperumque cultus.

* Cadaverosæ fufile machinæ   * Carcaffe.
Ut grande terris intonat ultimis
    Æs, (10) nomen Augufti Monarchæ;
    Fufa pari dabit ære veftrum

Ambafiano vix tonitru minor
Campana nomen ; (11) laufque fonantior
    Perenniorque ipfo metallo,
    Per dociles volitabit auras.

LINANT.

IN Urbe extremum latus dextrum Sancti Laurentii dis-
jectum eft. Totum fere Templum Sancti Andreæ
everfum. Divi Michaëlis campanile cum ftatuis in diffitas

ædes turbine delatum. Sancti Stephani fornicis pars, turribus ex Cathedrali Ecclefiâ deturbatis, difrupta. Et in ipfâ Ecclefiâ Cathedrali (præter turres everfas) immensa fracti fornicis vaftitas fuit, unicâ manente cruce inter ruinas fummo in vertice confpicuâ. Vitrea rofa encaufmate picta, fruftulatim comminuta; tanta denique porticus pulcherrimæ labes, quanta vix cogitetur. Hæcque ventis, nimbis, fulminibus ac grandine (quæ majoris ovi magnitudinem æquaret) illata funt intra quadrantem horæ. Organum prorfus effractum, fed nondum plane inftauratum ; (12) quare de eo hic dicendi locus non fuit. Interim campana Ambafianæ fuppar ex ære lectiffimo conflata eft. (13)

POÉSIES ET INSCRIPTIONS LATINES

SUR

LA BIBLIOTHÈQUE DU CHAPITRE DE ROUEN

ET

LE CHANOINE DE LA FOSSE,

PAR FRANÇOIS LINANT ET AUTRES

AVEC UN AVANT-PROPOS ET DES NOTES

PAR

F. BOUQUET.

ROUEN

IMPRIMERIE DE HENRY BOISSEL

MDCCC.LXXIX.

AVANT-PROPOS.

On sait que, par une glorieuse initiative, « Rouen « jouissait, dès 1634, grâce au clergé de sa Cathédrale, « du bienfait d'une bibliothèque publique, » alors que Paris n'en possédait pas encore (1).

C'était celle du Chapitre.

Les recherches de Dom Pommeraye, de l'abbé Saas et de M. l'abbé Langlois, ont fait connaître assez bien cette Bibliothèque, bâtiment et livres, administration et bienfaiteurs.

Mais ces ouvrages d'ensemble ne fournissent que fort peu de renseignements sur quelques personnalités intéressantes.

Combler cette lacune, pour le Chanoine De La Fosse, l'un des bienfaiteurs de cette Bibliothèque et pour le Chapelain, François Linant, l'un de ses commis les plus

(1) *Recherches sur les Bibliothèques des Archevêques et du Chapitre de Rouen*, par M. l'Abbé Langlois, page 31 de l'Extrait.

1

distingués, tel sera le but de cette Miscellanée, en nous
aidant de documents aussi rares qu'authentiques.

Voici la description du local : « Messieurs les Cha-
« noines choisirent pour ce dessein, vers 1424, une
« grande place qui étoit sur le celier du Chapitre, et y
« firent un beau et solide bâtiment que nous voyons
« encore aujourd'huy. Il est long d'environ cent pieds
« sur vingt-cinq de large ; on y a fait un retranchement
« de vingt à vingt-cinq pieds en carré. L'entrée en a
« été faite dans le coin de la croisée de l'Eglise du côté
« du Septentrion, qui est contiguë à la porte par où l'on
« va au Chapitre; l'on y monte par un escalier assez
« bien travaillé (1), qui fut fait depuis par la liberalité
« du Cardinal d'Estouteville..... Cette grande sale est
« pleine d'armoires avec les huissets garnis de fil d'ar-
« chat, pour la conservation des Livres. Il y a une
« longue table et des sieges au milieu pour ceux qui y
« viennent étudier; on y voit en haut les portraits de
« quelques-uns des principaux bienfaicteurs; le plan-
« cher en est de parquetage de bois de chesne qui tient
« la place exempte d'humidité fort contraire aux
« Livres (2). »

Cette Bibliothèque avait une administration régulière,
composée du Chanoine surintendant et du Commis aux

(1) On en juge plus favorablement aujourd'hui.

(2) *Histoire de l'Eglise cathédrale de Rouen*, etc., (par Dom Pommeraye), pages 164-165.

gages du Chapitre. L'un était, à proprement parler, le Bibliothécaire ou le Conservateur de la Bibliothèque, comme on dit aujourd'hui, et l'autre, le Sous-Bibliothécaire, chargé de répondre aux demandes du public qui la fréquentait.

Ces deux postes furent toujours occupés par des hommes de mérite, comme on peut s'en convaincre, en lisant la liste de leurs noms et les détails qui les accompagnent dans les *Recherches* sur cette Bibliothèque par M. l'abbé Langlois. (Pages 50-60).

Toutefois, « le *commis*, Pierre Pelhestre, convaincu « apparemment de négligence ou d'une complaisance « excessive pour les bibliophiles, reçut ordre, le 1er juil- « let 1679, de faire rentrer tous les livres qu'il avait « prêtés ; et, le 20 décembre suivant, sa destitution fut « prononcée, et les *serrures de la Bibliothèque* changées. » (Id. *Ibid.*, p. 43.)

Pelhestre était un simple clerc, qui eut pour succes- seur, François Linant, dans la place de commis.

Jusqu'alors le traitement de cet employé n'était point assuré. La fondation de l'archevêque François de Harlay « n'eut d'éfet que durant sa vie. Il en a été de même de « la liberalité de M. l'abbé d'Aunay, lequel, tandis qu'il « a vécu, a aussi payé les gages du commis de la Biblio- « thèque » (1). Charles Dufour, Chanoine, trésorier du

(1) Dom Pommeraye, *ibid.*, p. 166.

Chapitre, curé de Saint Maclou de Rouen, abbé d'Aulnay, installé Bibliothécaire, vers 1672, était mort le
16 juin 1672.

Quelques années plus tard eut lieu une fondation en
faveur de ce commis privé d'un traitement fixe, fondation dont les conséquences devaient être des plus heu-
reuses, et pour le Sous-Bibliothécaire et pour la Bibliothèque elle-même « Enfin après la mort de M. l'Abbé
« d'Aunay, Messire François de la Fosse, docteur en
« Theologie, Chanoine, Theologal, et Penitencier de
« l'Eglise Cathedrale, desirant seconder le zèle de Mes-
« sieurs de Chapitre à favoriser les études de ceux qui
« par leur application aux bonnes Lettres taschent de se
« rendre utiles à l'Eglise et à l'Estat, et voyant que la
« Bibliotheque de la Cathedrale ne peut estre d'un
« secours ny si general ny si certain qu'elle seroit, s'il
« n'y étoit pourveu d'un fond pour l'entretien d'un com-
« mis intelligent et assidu pour la garder et avoir soin
« des livres, ledit sieur de la Fosse a donné à perpetuité
« deux cens livres de rente, par la somme de six mille
« livres, qu'il a payées entre les mains de Messieurs de
« la Fabrique, qui se sont chargez de payer annuelle-
« ment la dite somme de 200 livres à celui dont le Cha-
« pitre aura fait choix » (1).

(1) *Histoire de la Cathédrale de Rouen*, etc. (par Dom Pommeraye),
p. 167.

L'acte de donation fut passé devant les Notaires de Rouen, le 25 février 1681; et c'est le 30 mai 1684 que le Chapitre, et non la Fabrique, comme le dit D. Pommeraye, se chargea de payer directement, en les prenant sur les fonds de la Fabrique, les deux cents francs du traitement assuré par le chanoine De La Fosse au commis de la Bibliothèque (1).

Le donateur eut soin d'indiquer aussi « les qualités « qu'il désire en la personne du dit commis sous le bon « plaisir des dits sieurs de Chapitre qui le choisiront. » Il n'oublie pas non plus les obligations qui lui sont imposées pour bien remplir son office et prévenir le retour des désordres passés.

Voici celles qu'on pourrait appeler le Réglement de la Bibliothèque.

« Ledit Commis sera obligé de tenir ladite Biblio-
« theque ouverte, et de bailler des Livres à toutes les
« personnes qui se presenteront depuis huit heures de
« matin jusqu'à douze heures, et depuis deux heures de
« relevée, jusqu'à cinq heures, à l'exception des Di-
« manches et Festes de l'année et d'un jour de vacance
« chaque semaine, lorsqu'il n'y aura point de Feste,
« excepté aussi les vacations qu'il pourra prendre pen-
« dant le mois d'octobre. A la charge par ledit commis
« de nettoyer ou faire nettoyer deux fois par chacun an,

(1) Voir plus loin le texte de l'Inscription III.

« les armoires et les Livres de la dite Bibliotheque,
« desquels sera fait recensement une fois par an, en
« presence de celuy ou de ceux qui seront préposez à
« l'intendance de la dite Bibliotheque, par le dit Cha-
« pitre et d'en rapporter un certificat, signé des dits
« sieurs préposez, au Chapitre general dans l'Octave de
« l'Assomption de Notre-Dame, conforme à l'inventaire
« des Livres, qui sont et seront dans la dite Biblio-
« theque, lesquels le dit Commis ne pourra prester pour
« être transportez hors de la Bibliotheque. » (1). Les
précautions prises pour l'avenir indiquent bien la nature
des désordres qui avaient amené la destitution de Pelhestre, et devaient en prévenir le retour, sous Linant,
son successeur.

Le Chapitre s'empressa d'accepter toutes les conditions que « le Donateur avait voulu être expressément
« insérées dans le contract, avec beaucoup de sagesse et
« de prévoyance, lesquelles étant bien gardées de part
« et d'autre, produiront de tres bons effets. » (Dom Pommeraye, *ibid.*, p. 168). Les Registres du Chapitre, à la
date des 2, 15 janvier, et 7 juin 1680, prouvent tout le
soin qu'il apporta dans cette réorganisation du service
de la Bibliothèque, dont le premier mérite remonte au

(1) *Histoire de la Cathédrale,* etc. (par Dom Pommeraye), pages
167-168.

Chanoine De La Fosse, donateur, en outre, de tous ses livres.

Les contemporains furent si frappés d'admiration pour tant de libéralités, qu'ils en ont, à l'envi, constaté le souvenir dans des Poésies et dans des Inscriptions latines, en dehors du témoignage flatteur que D. Pommeraye rendait au généreux Chanoine, peu de temps après, dans son *Histoire de la Cathédrale*, en 1686.

Suivant la volonté du donateur, pour le choix du commis de la Bibliothèque, il fallait regarder comme « la « première de ses qualitez d'être de bonnes mœurs, et « la seconde d'être versé dans les bonnes Lettres et « dans la connoissance des Livres. » (Dom Pommeraye, *ibid.*, p. 167). C'est donc déjà un grand honneur pour Linant d'avoir été jugé digne d'occuper ce poste. Mais, une fois nommé, il justifia pleinement, par des pièces de vers latins, que lui dicta la reconnaissance, le choix du Chapitre, choix où le mérite de *lettré* avait dû entrer en ligne de compte.

1° POÉSIES.

Le titre développé, que l'auteur a mis en tête de ses pièces, en indiquant bien le sujet, il suffira d'en marquer la suite et le développement par une traduction libre des principales idées.

La première pièce est un *Remerciment d'installation*

adressé à la Vénérable Assemblée de Messieurs les très illustres Chanoines pour lui avoir confié la commission de surveiller les livres de la Bibliothèque de Rouen.

C'est une Ode composée de vingt strophes alcaïques, de chacune quatre vers, formant 4 pages in-4°, *imprimée chez E. Viret,* sans date.

D'après les faits rappelés ci-dessus, et les Registres des délibérations du Chapitre, la composition serait de l'année 1680, quand Linant fut nommé commis de la Bibliothèque, à la place de Pelhestre (1). Aussi bien que son prédécesseur, il faisait partie du clergé, mais avec un rang plus élevé; il était chapelain de la Cathédrale.

Dans cette Ode, « le poète vante le calme agréable de « la Bibliothèque, en l'opposant au tumulte de la ville. « Il convie les gens de loisir à venir étudier les Poètes, « les Orateurs, les Philosophes, ou la Théologie, soit sur « les textes mêmes de l'Ecriture, soit chez leurs doctes « interprètes. Il fera toujours des vœux pour ceux qui l'ont « appelé à jouir, dans leur maison, d'un pareil bonheur, « et ses écrits porteront toujours les témoignages de « son éternelle reconnaissance. » Les grands noms de tous ceux qui ont excellé dans les différents genres littéraires, Homère, Virgile, Lucain, Anacréon, Horace, Sapho, Cicéron, Démosthène, etc., y sont cités et accompagnés de quelques mots propres à les caractériser.

(1) Voir plus haut, p. 3.

La deuxième pièce est encore un *Remerciment ;* mais il
est adressé *Au très illustre et très généreux Messire François De La Fosse, Docteur en Théologie, Chanoine et Pénitencier de l'Eglise de Rouen, pour le don qu'il a fait de sa
riche collection de livres à la Bibliothèque de la même Eglise,
et pour la fondation d'une pension annuelle.*

La pièce a 65 vers hexamètres, formant 4 pages in-4°,
et sans nom d'imprimeur.

Elle doit avoir été composée peu de temps après les
deux donations du généreux Chanoine, que nous savons
avoir été faites en 1681 et 1684, comme le prouvent les
inscriptions ci-dessous, et l'acte officiel imprimant à
l'une d'elles un caractère authentique.

Le poète « engage la Renommée à célébrer par toute
« la France les bienfaits dont un grand citoyen vient de
« combler sa chère ville de Rouen. Il ne suffit pas à
« cet homme généreux de soulager le malheur, de faire
« dire des messes pour les âmes du purgatoire; ilveut
« encore venir en aide aux vivants, en contribuant à les
« éclairer par le don de ses livres, qu'il a fait placer dans
« la Bibliothèque du Chapitre, en l'enrichissant à
« l'exemple des Harlay, des Acarie, des Hallé. Ne
« mettant pas de bornes à ses dons, il a voulu assurer
« encore une pension à celui qui est chargé de surveiller
« la distribution des livres. Accorder des dons est le
« propre de la Divinité; mais c'est en approcher le plus

2

« près possible que de savoir détacher son esprit de la
« bassesse originelle et l'arracher à la fange de la terre.
« Que le donateur ne repousse pas ses éloges ; la gloire
« viendra d'elle-même s'attacher à son nom. Déjà les
« hommes illustres, dont les portraits ornent la Biblio-
« thèque, souhaitent de l'avoir pour compagnon. Le
« poète les a vus, lorsqu'on apportait la riche collection
« de ses livres, désireux de voler à leur rencontre,
« s'agiter sur leur toile et presque s'élancer hors de
« leurs cadres. Tant une belle action sait remuer même
« de muettes images ! Que tous ceux qui en ont le loisir
« viennent donc s'abreuver du nectar que prodiguent les
« Muses et jouir des trésors de la science. Il n'en coûte
« rien ; l'unique récompense sera de faire ces lectures
« gratuites avec gratitude et reconnaissance. » !

Ce sentiment a su lui inspirer à lui-même de nobles
pensées et de touchants accents, dans une pièce de vers
pleine de mouvement, d'éclat et de brillantes images,
dont la latinité mérite également des éloges. Aussi Dom
Pommeraye a-t-il pu dire, en toute justice : « Le sieur
« Linant qui est le premier commis, qui a joüy de la
« pension (de M. De La Fosse), luy a fait un remerci-
« ment en vers latins, qui est une pièce fort achevée. »
(*Ibidem*, p. 168).

En assurant par cette donation le traitement du commis, le généreux Chanoine rendit un grand service à la

Bibliothèque elle-même. Ainsi que le dit, en effet, l'Inscription placée plus tard, dans cette Bibliothèque, en son honneur : « S'il n'ouvrit pas le premier ce sanc- « tuaire de la science, où sont déposés les trésors de la « sagesse et de la doctrine de Dieu, le premier du moins « il eut le mérite d'empêcher qu'elle ne fût fermée. » (1).

La troisième pièce est un Ode adressée : *A la Muse pour qu'elle se dispose à venir habiter la demeure qui, grâce à la munificence du Vénérable Chapitre de l'Eglise de Rouen, bienfaiteur de la Bibliothèque publique, doit lui être accordée.*

Elle a dix-sept strophes alcaïques, suivies d'une première note expliquant les différens noms donnés aux divers jeux d'orgue, et d'une seconde note relative au sieur Du Tot, conseiller au Parlement de Rouen.

Ce nouveau bâtiment, affecté au service de la Biblio- thèque, paraît être devenu nécessaire à cause du grand nombre de livres qu'elle avait reçus en don, et surtout à cause de ceux du Chanoine De La Fosse, qui avait une bibliothèque fort considérable : « *Pro Musœo suo copio-* « *sissimo,* » dit le titre du Remerciment de Linant.

La date de sa composition ne peut être que posté- rieure à l'année 1686, puisque le poète parle de la res- tauration des Orgues de la Cathédrale détruites par

(1) Voir la IIIe Inscription.

l'ouragan du 25 juin 1683, restauration terminée à cette époque, comme on l'a vu par les deux Inscriptions latines que nous avons publiées dans les Miscellanées de la Société (1).

« Descends du ciel, dit le poète à Melpomène, et fais
« résonner de tes chants les appartements qui te sont
« destinés. Le marbre, les lambris dorés, les tableaux
« n'y attirent pas les yeux. La pièce est petite, les solives
« ont leur couleur naturelle, le plafond et les murs sont
« en plâtre. Même en cet état la demeure n'est pas in-
« digne de toi. Si tu aimes les eaux pures et les retraites
« ombragées, tu vois comme un jet d'eau s'élance dans
« les airs et comme la cime d'un arbre touffu tempère
« les feux du soleil et procure un agréable ombrage. De
» plus les sons de l'orgue arrivent jusqu'en cet endroit,
« cet orgue que le poète a vu détruire et qu'il est heu-
« reux de voir rétabli. Mais pourquoi gâter un sujet
« déjà traité par l'illustre Du Tot, qu'Apollon et Astrée
« ceignent à l'envi du laurier et des lis ? Où sa Muse
« va-t-elle s'égarer ? Qu'elle redescende, et, en attendant
« l'ouverture des portes, vivement désirée, qu'elle vole
« autour de cette demeure, et qu'elle compose des vers
« dignes des faveurs qu'elle a reçues. »

A vrai dire, le sujet principal n'occupe pas la moitié

(1) Voir la *Douzième Miscellanée*, pages 1 et 5.

de l'Ode, et le resté est rempli par les deux épisodes
relatifs aux Orgues et au Conseiller au Parlement,
Charles Ferrare, sieur Du Tot. Mais les exemples de Pin-
dare et d'Horace sont là pour justifier les écarts de
l'Ode, permis, sinon prescrits par Boileau :

> Chez elle un beau désordre est un effet de l'art,
>
> *Art poét.*, ch. II.

Celle-ci n'en est pas moins curieuse pour constater
l'existence de cette succursale de la Bibliothèque du
Chapitre, que les détails donnés plus haut, et surtout
celui de l'Orgue, nous font placer dans la cour de l'Albane, où pouvaient se trouver un bel arbre et un jet
d'eau.

En dehors de leur mérite poétique, peu fait pour nous
toucher aujourd'hui, ces trois pièces de vers sont précieuses pour l'histoire de la Bibliothèque du Chapitre,
et c'est le principal motif qui nous a déterminé à les
publier aujourd'hui.

2° INSCRIPTIONS.

Les trois autres pièces, que nous donnons à la suite
des Poésies, sont des Inscriptions destinées à perpétuer
la mémoire du Chanoine De la Fosse, que François Linant vient de chanter dans ses vers.

Dom Pommeraye, en parlant des deux premières, leur
a donné le nom de « *Prose quarrée* », comme on le verra

bientôt. Ces mots nous ont remis en mémoire ceux de
« *Période carrée* », usités dans l'ancienne Rhétorique,
c'est-à-dire « une période composée de trois ou quatre
« membres égaux distingués l'un de l'autre (1). »

Ces deux Inscriptions n'offrent pas de période proprement dite, mais une phrase unique, composée de plusieurs membres, ayant entre eux une certaine proportion,
phrase dont la disposition typographique est, avec un
peu de bonne volonté, *quadrangulaire* ou *carrée*. De là
serait venu à ce genre d'Inscription le nom de *Prose
quarrée*, pour la distinguer de la *Période carrée*, dont elle
diffère par l'absence de plusieurs membres, se corres-
pondant entre eux, signe caractéristique de la période
oratoire. Peut-être ce genre avait-il encore, par la disposition de ses mots, d'autres mérites cachés, que nous
ne soupçonnons pas.

La première de ces Inscriptions est celle qui fût
composée et imprimée, en 1683, en l'honneur du généreux
donateur de son vivant. Nous y voyons la pièce même
que Dom Pommeraye appelle « *la Prose quarrée*, compo-
« sée par un illustre Sénateur pour honorer la mémoire
« du Bienfaiteur de la Bibliothèque (2), » c'est-à-dire le
Chanoine De La Fosse.

(1) Encyclopédie méthodique, *Grammaire et Littérature*, (1786,)
t. III, p. 39.
(2) *Histoire de la Cathédrale*, etc., p. 168.

La deuxième Inscription est encore, destinée à rappeler son souvenir, à propos du don de ses livres à la Bibliothèque du Chapitre. Seulement la première fut faite
au nom de celui-ci, et la seconde, au nom personnel de
l'auteur. Il est curieux de trouver ici deux Inscriptions
sur le même sujet, comme dans la Miscellanée : *Sur le
Rétablissement de l'Orgue et du Jubé* : (1686).

Le nombre des Inscriptions, la disposition identique
des mots, l'agencement général de la phrase, tout nous
prouve que ces deux pièces émanent du même auteur,
dont le nom nous a été révélé par Dom Pommeraye,
aussi bien que celui de ce singulier genre de composition, bien voisin d'un casse-tête littéraire, qui se conti-
nue dans les *Mots carrés* de nos jours.

Nous n'avons rencontré ces deux Inscriptions, dont la
disposition a été scrupuleusement conservée, nulle part
ailleurs que dans les Recueils de pièces où elles étaient
enfouies.

Mais si elles eurent l'honneur de l'impression, elles
n'eurent pas celui d'être apposées dans la Bibliothèque.
Cet honneur était réservé à une troisième Inscription,
concernant le même Chanoine, connue par le texte que
l'abbé Saas en a donné dans sa *Notice des Manuscrits de la
Bibliothèque de l'église métropolitaine de Rouen*, où il parle
de lui avec éloge.

Il commence par dire :

« Son Portrait porte cette inscription (1) :

« D. *Franciscus de la Fosse Presb. Doctor Theologus Ro-*
thomag. Eccl. Canonicus, Ecclesiastes et Pœnitentiarius hanc
Bibliothecam libris auxit et fundatione dotavit, 1683. »

Puis il ajoute : « M. de la Fosse mourut le... 1684 (2).
« L'inscription qu'on lit sur une plaque de cuivre,
« adossée contre la muraille de l'entrée de la Biblio-
« thèque, explique parfaitement en quoi consiste la fon-
« dation faite par M. de la Fosse. Je suis persuadé qu'on
« ne sera point fâché de la retrouver ici. » *Ibidem,*
pages 109-110.

Suit le texte de l'Inscription, où l'abbé Saas complète
quelques abréviations, en ajoute d'autres, supprime plusieurs mots et des dates, en ne tenant aucun compte de
la disposition.

Grâce à un heureux concours de circonstances inespé-
rées, nous sommes en mesure de remédier à ces petites
imperfections.

La plaque de cuivre, dont il a été question, avait dispa-
ru depuis longtemps du Chapitre, quand, il y a douze ou
quinze ans, elle fut revendue à l'un de nos anciens présidents, M. l'abbé Colas, par un serrurier de notre ville.

(1) Il y a encore, dans la Bibliothèque du Chapitre, un portrait du
Chanoine De La Fosse, représenté à mi-corps, et l'inscription s'y lit
sous un de ses bras.

(2) « Il mourut le 28 janvier 1689 ». (*Archives départementales*).

Comme elle était gravée en creux, sur le conseil de
notre président actuel, il fut tiré quatre ou cinq exem-
plaires du texte de l'Inscription, offrant un rectangle de
18 centimètres de hauteur sur 38 de largeur. Dans le
haut sont des lettres entrelacées formant un chiffre aux
deux angles ; dans le bas des ornemens, où se lisent ces
mots à gauche : *Toustain F.* ; au milieu, un emblême que
l'on retrouve dans l'*Ex-Libris* de De la Fosse, avec cette
devise explicative : CRUCIS COR CRESCIT AMORE; enfin,
à droite : *Positum jussu Venerab. Capit an° sal. 1684.*
die. 5. Iulij. — C'est donc encore de son vivant.

Avec sa bonne grâce habituelle, M. Lormier nous
a confié l'exemplaire que lui avait donné M. l'abbé Colas,
et c'est d'après lui que nous reproduisons cette troisième
Inscription, replacée aujourd'hui dans la Bibliothèque
du Chapitre.

La rareté de ces Inscriptions est donc incontestable,
aussi bien que celle des trois Poésies qui les précèdent.

Le premier et le deuxième *Remerciment* ont été connus
de M. Frère, qui les a signalés dans son *Manuel du Bibliographe normand*, mais sans dire où l'on pouvait en trouver le texte. Il a pu lire, comme nous, l'indication du premier *Remerciment* dans le *Catalogue* de la Bibliothèque de
la ville de Rouen, BELLES-LETTRES, par M. Licquet,
n° 2,932, page 421.

Le Remerciment à M. De La Fosse a été connu de Dom

3

Pommeraye ; car, à propos du don de ses livres, fait par
le chanoine Hallé à la Bibliothèque du Chapitre, il donne
ce détail, qui se trouve, en effet, dans la pièce : « Le sieur
« Linant en a fait une honorable mention dans son
« *Poëme latin* (Ibid., p. 166). » C'est un nom assez im-
propre pour la petite pièce de vers que nous publions. Il
lui avait paru si beau, que son intention était de le publier. « Je le donneray, disait-il, parmy les preuves,
« aussi bien que la *Prose quarrée* que l'illustre Senateur,
« qui est assez connu des sçavans, a composée sur ce
« même sujet, pour honorer la memoire du Bienfaiteur,
« et exciter Messieurs ses confrères à suivre son exem-
« ple.» (*Ibid.*, p. 168)

L'abbé Saas disait, en 1746 : « On sçait que le P. Pom-
« meraye n'a point donné les *preuves justificatives* de son
« histoire de l'Eglise Cathédrale. C'est une perte. Il cite
« dans cette histoire plusieurs Pieces qu'on chercheroit
« en vain aujourd'hui. Où trouveroit-on le *remerciement*
« *en vers latins fait à M. de la Fosse par M. Linant; la Prose*
« *Quarrée d'un Illustre Sénateur sur le même sujet ; les Epi-*
« *grammes de M. le Prevost sur la Bibliothèque ; les Epitaphes*
« *de M. le Prevost par M. du Tot Ferrare* que le P. Pomme-
« raye ne nomme pas, mais qu'il désigne suffisamment
« au num. XVII, de la page 168, où il promet de donner
« toutes ces pièces qu'il jugeoit excellentes. *J'avoüe que*
« *je n'ai rien vu de tout cela ;* je fais le même aveu par ra-

« port à d'autres morceaux rares qui devoient se trouver
« dans les pièces justificatives du P. Pommeraye. S'il
« étoit aussi aisé de les déterrer, que de tirer les Inven-
« taires contenus dans le Registre d'Yvoire, j'en réga-
« lerois les amateurs de ces sortes de raretez (1). »

Plus heureux que l'abbé Saas, nous les avions vues, et
M. l'abbé Langlois les avait aussi *déterrées ;* car il indique, dans ses *Recherches sur la Bibliothèque du Chapitre,*
les volumes de la Bibliothèque de Rouen, où il les a
trouvées (2), et il en cite même trois vers et demi, concernant MM. Hallé et De La Fosse (3).

M. l'abbé Langlois a fait plus encore; il a cité la
deuxième de nos Inscriptions, dans ses *Recherches* (page
54). Seulement, en la plaçant en note sur le paragraphe
concernant Charles Dufour, bibliothécaire du Chapitre, il
aurait bien fait d'indiquer nettement qu'elle se rapporte,
non à l'abbé d'Aulnay, mais à l'un des chanoines ses confrères, François De La Fosse.

(1) *Notice des Manuscrits de la Bibliothèque de l'Eglise Métropolitaine de Rouen, primatiale de Normandie.* Pages 26-27.
(2) Voir les deux *Recueils de pièces diverses,* catalogués aujour-
d'hui O, 748, t. II, et 749, t. III. Le premier Recueil renferme, sous
le n° 35, le Remerciment au chanoine De La Fosse, et les Inscriptions I et II, qui le concernent. Le second Recueil contient le Remerciment au Chapitre, sous le n° 14. — C'est dans ces deux Recueils
que M. Frère a pris l'indication des trois pièces de Linant que donne
le *Manuel du Bibliographe normand,* sans renvoyer à la source.
(3) Pages 33 et 34 de l'Extrait des mêmes *Recherches,* etc.

Connaissant, comme M. l'abbé Langlois, ces pièces rarissimes, Vers et Inscriptions, nous nous sommes fait un devoir d'en « régaler les amateurs de ces sortés de « raretés », au nombre desquels nous plaçons, en toute justice, les membres de la LA SOCIÉTÉ DES BIBLIOPHILES NORMANDS.

Là ne s'est pas bornée notre heureuse chance. M de Beaurepaire nous a transmis la troisième pièce de vers de Linant, son *Ode à la Muse,* qu'il a rencontrée dans les Archives du département. On peut affirmer que celle-là n'a pas même été entrevue par d'autres que par lui. Nous la publions donc comme une pièce peut-être unique, ou tout au moins d'une insigne rareté, et nous en remercions notre confrère, au nom du Bureau, et en notre nom personnel; car, sans cette obligeante communication et les recherches qu'elle a nécessitées, de notre part, nous n'aurions peut-être jamais repensé aux pièces que nous publions aujourd'hui.

Jusqu'ici l'on était obligé d'admirer sur parole la poésie de l'auteur de ces pièces latines, le texte faisant partout défaut chez ceux qui en ont parlé, à l'exception de M. l'abbé Langlois, qui en a cité cinq ou six vers. Désormais, de ce Sous-Bibliothécaire, de ce poëte rouennais presque inconnu, on possèdera trois pièces complètes sur la seule Bibliothèque du Chapitre. Sans doute la forme, le tour et les mouvements des poé-

sies de Linant n'ont rien de bien nouveau, empruntés
qu'ils sont à Horace. Cependant il a su les encadrer habile-
ment dans ses vers, toujours coulants, toujours châtiés
et limés, sans jamais trahir le travail ni l'effort, et
sans succomber sous la difficulté d'exprimer, dans une
langue morte, des faits et des idées modernes. Mais
c'est le fond, le sujet de ces différentes pièces qui les
recommande surtout à notre attention, aussi bien que
toutes les autres pièces de vers latins de cette époque ; car toutes les trois renferment des renseignements
utiles, précieux même à connaître pour mieux nous
éclairer sur notre histoire locale. Là est le véritable intérêt de ces élucubrations poétiques où se complaisent
les amants de la Muse latine, aux divers siècles de notre
Histoire. Ne s'en dégageât-il qu'une faible lueur sur un
petit point de cette histoire, elle vaut toujours mieux
qu'une obscurité profonde, puisqu'il y est question de la
patrie et de nos pères.

F. Bouquet.

POÉSIES

ET

INSCRIPTIONS LATINES,

AD VENERABILEM

ILLUSTRISSIMORUM D.D. CANONICORUM

CONSESSUM

PRO

DEMANDATA SIBI BIBLIOTHECÆ

ROTOMAGENSIS

LIBRORUM ENCHIRISI.

Isiterion Eucharisticon.

MVSIS amicus, nec fine dîs, levi
Subvectus aurâ, tollor Apollinis
    Secretiores in recessus
    Pieriæ novus hospes Aulæ.

Quam grata sacri temperies loci,
Quanta & voluptas! non ibi civium
    Rixæ, procellosique præceps
    Turba fori, & violentus æstus.

Felix amœnam quilibet incola
Vitam decoro ducit in otio, &
    Lauro coronatusve myrto
    Nectare & ambrosiâ beatur.

Audisne plectris multus ut aureis
Iucunda vates carmina dividens
 Miscet triumphantes susurros,
 Vt modulis ferit astra miris?

Quam tersâ Homerus, quam Sophocles gravi,
Docte expolitâ quam Maro buccinâ,
 Lucanus ut grandi, timendorum
 Arma canunt animosque regum!

Minus severam pulsat Anacreon
Lyram, capaci lætus amystide,
 Flaccoque propinat, qui eodem
 Fonte suum satur urget Ohe.

Quin & petentûm profilit in manus
Sappho, & pudicâ sponte licentiâ
 Ambit verecundos amores
 Virgineo illecebrosa cultu.

Nec sacra solam continet hæc domus
Vatum cohortem, fas quoque Rhetores
 Spectare, magnas qui potenti
 Eloquio moderentur urbes.

Antonianæ Tullius hîc tonat
Securus iræ, muneraque, & minas
 Demosthenes hîc fraudulenti
 Despicit impavidus Philippi.

Rerum involutam qui fciat indolem
Requiris? adfunt quos Academia,
    Quos & Lyceum, Porticufque
    Emeritos habuere alumnos.

At vos Poëtæ cedite, Rhetores
Cedant, latentis quifquis & intima
    Arcana naturæ refolvit
    Sollicitam meditatus artem

Abfiftat ultro. Nunc procerum juvat
Auguftiorum numine perfrui,
    Seu Patriarchæ, aut aufpicati
    In medium veniunt Prophetæ,

Caterva fummo prævia Principi.
Quem præter annos mille quater, reus
    Optavit orbis, fletibusque
    Et gemitu petiit morantem.

Ipfam Theandri, fi lubet, hîc vacat
Audire vocem; fcilicet eft Patris
    Vox totus, æternumque Verbum
    Omnia quo capiuntur uno.

Sed Mufa parvis define grandia
Tentare dictis, ferre Jovem nequit
    Columba, flagrantemque folem
    Vertice confpicere irretorto.

Profusiorum quando oculus pavet
Lucem intueri, cum tenebras parit
    Fulgoris irrefracta Virtus,
    Ecce præit tibi Cæspitanti

Interpretum agmen mira loquentium,
Per quos retusi gratia luminis,
    Et pulchritudo temperata,
    Innocuo subeat nitore.

O grata, præstat quæ locus, Otia,
Doctique gratos Indigetes loci,
    O splendor, ô gemmis & auro
    Divitiæ pretiosiores!

Dum quæ benigni vena mihi ingenî
Micabit, illis vota feram, suo
    Qui me dederunt eruditis
    In lare deliciis potiri.

Quæcunque libris pagina millibus,
Quæcunque scripta est litera paginis,
    Insculpta in æternum legentur
    Obsequii monimenta nostri.

FRANC. LINANT.

Typis E. VIRET, Typogr. Regis.

AD CLARISSIMUM

MUNIFICENTISSIMUMQUE VIRUM D. D.

FRANCISCUM DE LA FOSSE

SACRÆ THEOLOGIÆ DOCTOREM

CANONICUM ET POENITENTIARIUM

ECCLESIÆ ROTOMAG.

PRO MUSÆO SUO COPIOSISSIMO

BIBLIOTHECÆ EJUSDEM ECCLESIÆ DONODATO,

conftitutoque annuo reditu,

EUCHARISTICON.

I FAMA, & mundum quibus opples, ora reclude
Centum, centum alis omnes pete nuntia terras
Franciadum, & magni dic maxima munera civis
Rotomago collata fuæ; Namque ille benigni
Sideris afpectu, & partâ virtute beatus,
Dives, at aggefto nufquam culpabilis auro
Colligit has quas fpargat opes: Hinc illa levandæ
Sorti inopum, variis hinc illa pecunia templis

5

In manes conceſſa pios, quos numen edaci
In flammâ, eroſis jubet exſplendeſcere nævis.

  Nec tantum avulſas mortali è corpore mentes
Officiis juvat; iſto etiam ſub ſole morantes
Excolere (1), & pulſis latè illuſtrare tenebris
Sollicitus, magnâ jam tum mercede coemptos
Undique scriptores (animorum optabile lumen
Quo doĉti pariter niteant pariterque docendi)
Exhibet in commune, ſacraſque ad Virginis ædes (2)
(Panditur egregiis ubi dudum ſplendida libris
Porticus) invexit, pluteos implere capaces.

  Sic quondam Harlæus (3), ſic quondam Acarius (4), & ſic
Qui doĉtâ Harlæo ſacer adſtat cœtus in aulâ
Divitiis auxêre locum; quos inclitus inter
Hallæus totos librorum ingeſſit acervos,
Grandiaque adſcripſit venerandum inſignia nomen (4).
Fœlix laude ſuâ, fœlix & laude ſuorum,
Sanguine dum fratris ſatus illuſtriſſimus alter
Hallæus (5), plaudente urbe, & plaudente Senatu
Fulget honorato cudone (6), ac Præſidis oſtro,
Lance ſimul Themidis, Themidis ſimul enſe tremendus.

Iſtis Foſſæo exemplis, atque indole eâdem
Inſtinĉto, proclive fuit devolvere magnum
In noſtros Muſæum aditus : ſed parcere donis
Neſcius, ut doĉti Phœbæa choragia ludi
Quis ferat, ac promus veluti condufque miniſtret,
Fecit apollineæ ſtipendia certa Paleſtræ (7).

Hos Foſſæe tibi gratare à numine mores,
Divū (8) etenim eſt munus dare munera, proximus illis
Delibat meritam divinæ particulam auræ,
Primævâ affixam quicumque refigere mentem
Novit humo, & fulvâ demerſam avellere terrâ.
Ergo age, nec noſtras ſaltem pro fœnore laudes (9)
Reſpue, te deſpeĉta etiam amplexabitur ultro
Gloria, jam ſibi te Muſarum in teĉta cooptant
Hi ſocium proceres, quorum illic plurima imago
Vivit, & in vivâ pellucet imagine virtus (10).
Vidi ego, dum taciti dignos meditantur honores,
Ut primum adveĉta eſt librorum immenſa ſupellex,
Vidi equidem adnixos tantis occurrere donis
Concuſſiſſe ſuæ non eluĉtabile telæ
Pigmentum, & totis penè emicuiſſe tabellis;

4

Usque adeo vel muta valet simulacra movere,
Pulchrum opus, & seros famam procudere in annos. ·
Vos quibus integrum est nullo non tempore opimâ,
Ac potiore frui, quàm quæ lactasse Tonantem
Fertur Amaltheâ, properate, atque ubere cornu
Accipite undantes cœlestis nectaris haustus
Pieridum quod amat sacra irrorare vireta,
Non istis vetita est, sed jussa scientia in hortis,
Arboreque ex omni fas est decerpere fructus:
Quin etiam quovis adaperto è cortice gemmæ
Truduntur, quas docti olim insevêre coloni,
Has legite, & foliis sugendo extundite mella,
Mella simul foliis sucta, ac remanentia eisdem.
Nil pretii petitur, merces est unica, si fors
Dum gratis legitis, grati memoresque legatis.

FRANC. LINANT.

AD CAMENAM,

UT SESE AD INCOLENDAM DOMUM ADORNET,

Ex munif. vener. Capit. Ecclef. Rotomag.

BIBLIOTHECÆ PUBLICÆ LARGITORIS

SIBI CONCEDENDAM.

ODE.

Escende Cœlo (1) Melpomene, novis
Vocata tectis; Et (2) tibi non priùs
    Musisque, fedes dedicatas
    Fac placito refonare cantu.

Ne te fuperbi mens fubeat loci;
Non marmor illic, non laquearia
    Interlita auro, non decoræ
    Lumina follicitant tabellæ.

Eft grata parvi mundities loci,
Cultusque fimplex; Eft trabibus color
    Nativus, & folo lacunar
    Omne nitet, pariéfque gypfo.

6

O Diva! nec fic te domus hofpite
Indigna; Puros fi latices amas,
    Si quæris umbrofos receffus,
      Hîc & aquæ tibi funt & umbræ.

Vides, ut altum lætus in aera
Lymphas perennes fons vibrat; ut viâ
    Exultat audaci, & jacentem
      Defpicit ambitiofus alveum.

Vides, opacis arborea ut viret
Teftudo ramis, folis ut igneos
    Infringit æftus, & fuave
      Dat Zephyro trepidante frigus.

Quin reftitutum perfonat organum (3)
Ædes in iftas, & tubulis ovans
    Cantétve cantillétve, facros
      Fert avidas modulos ad aures.

Heu me! nefandam dum memini diem, (4)
Quâ fumptuofi porticus excidit,
    Fornixque templi; quâ frementis
      Infolitâ Boreæ procellâ

Omnis canoræ machina Muficæ,
Cornu, tubæque, & cymbala, tibiæ,
    Bombixque, præftanfque, affulatim
      Fracta gravi cecidêre lapfu.

Tunc tota in ægros vox gemitus ruit
Humana; Verè tunc tremuli afferes
    Ac ludus inverfus, malignâ
    Sorte, fuum meruêre nomen.

Sed impotentis damna licentiæ
Incarceratus nunc luit Æolus;
    Dat ufque pœnas, plumbeifque
    Lene fluit domitus cataftis.

Fallor; Cataftas & voco carcerem,
Multo micantem quæ fibi regiam
    Miratur ornatu, vetuftâ
    Non humilis dominari in aulâ.

Quid ifta verbis detero? TOTTIUS (5)
Quæ jam occupavit fcribere, deferunt
    Cui literaturæ coronam
    Artifices operofioris.

Huic namque vivax, huic calamus madet
Sinceriori nectare Apollinis.
    Ac rebus immortalitatem
    Congenito fibi rore fpargit.

Hunc Phœbe lauro, hunc cingere liliis
Aftræa certas; Pofcitur unicè
    Dilectus, ac ambobus ingens
    Gloria, diffidiumque divis.

4

Rixari inane eſt; par animus Diis,
Par eſt duobus; Vindicet integrum
    Apollo quæſitum, petenti
    Integer & Themidi ſuperſit.

Quò Muſa ſcandis? Deprime te, & domum
(Deſideratæ dum pateant fores,)
    Circumvola, ac dignum receptis
    Muneribus, meditare carmen.

Sunt quædam Organiſtis verba caſtrenſia, quæ varios ludos ſgni-
ficant pro diverſa tuborum magnitudine, aut multitudine. Cornu
Jeu de Cornet & de Larigot. Tubæ, *grande, petite Trompette,
Clairon & Cromhorne.* Cymbala, *grande & petite Cimbale.* Tibiæ,
Doublette, Flageolet, Naʒart. Bombix, *Bourdon.* Præſtans, *le Preſtant
à quatre pieds ouvert.* Vox Humana, *Voix humaine.* Tremuli aſſeres,
le Tremblant. Ludus inverſus, *fort Naʒart en quarte, &c.*(6)

Cæterum Dom. Dutot de Ferrare, Senator Rotomag integerr.
doctiſ. elegantiſ. de Organorum iſtorum compage jam ſcripſit, qucrum
laus ſumma, à tanto laudatore fuiſſe laudata (7).
LINANT.

I.

FRANC. DE LA FOSSE [1]

CANONICO ET METROPOLEOS MAGNO POENITENTIARIO

Cui parum fuit

Continuis per Ann. XL. largitionibus

Pauperes Civitatis Sublevaffe

Niſi &

Divites Locupletaret,   Urbem Ornaret,

Ecclefiam muniret,   Omnibus Opitularetur,

Dum amplam & eleɛtam Librorum fupelleɛtilem

Communi Civium bono Confecravit

Piis Exemplum,   Cunctis Utilitatem,   Sibi Gloriam,

Præbuit,   Attulit,   Comparavit, (2)

Canonici Rotom. Collegæ benemerito poſſ. (3)

Aɴ. M DC LXXXIII. (4)

7

II (1).

MORTUOS VIVIS CONCILIARE ARDUUM,

Excitare & in humanitatis contubernium revocare

Divinum,

Id hodie in Amborum gratiam præftat,

FRANC. DE LA FOSSE

ECCLESIÆ ROTOM. CANONICUS ET POENITENTIARIUS

Qui

Vivos, Libertate Donatos, Difcentes,

Mortuos, Luci reftitutos, Docentes,

In hac Porticu Siftit Unanimes,

Et quovis Imperio Solutos Publicæ Civium Utilitati,

Mancipat, Addicit,

Dum Pretiofam Librorum Congeriem

Ab ann. pluribus fummâ fuâ curâ & fumptu conquifitam

Huic Biblothecæ confecrat

A N.   M D C   L X X X I I I.

Ad perpetuam memoriam

CLARISSIMI VIRI

D. D. FRANCISCI DE LA FOSSE,

PRESBYTERI, SACR. THEOL. DOCTORIS,
S^{tæ} ROTOMAGENSIS ECCLESIÆ CANONICI, NEC NON
ECCLESIASTÆ AC PÆNITENTIARII.

QVI

Vt insigne quoddam sui in literas literatosque
Amoris tecmerion exhiberet:
Copiosissimum non modo musæum suum,
Huic Bibliothecæ dono dedit,
SED ET EI,
Qui sub clariss. D. D. Canonicis eidem Bibliothecæ præpositis,
Illius curæ suffectus est,
Perpetuum constituit stipendium:
Quod (juxta indictum coram libellionibus Rotomagens.
25º feb. anni 1681, & 30º maij anni 1684 pactum)
Venerab. capitu. de republ. literariâ perquam optime meritum,
Ex Fabricæ, vt. vocant, proventu
Quot-annis solvendum in se recepit.
Eximium sane Viri munifici beneficium,

QVI

Si doctrinæ hoc sacrarium
(In quo repositi sunt thesauri sapientiæ & scientiæ Dei,)
Primus non aperuit,
Effecit certé primus,
Vt ne claudatur in posterum.

8

NOTES.

1° POÉSIES.

I.

(1) *Isiterion* est formé du grec Εἰσιτήριος, qui concerne l'entrée, l'arrivée. Εἰσιτήριος λόγος signifiait un discours prononcé à l'entrée, à la réception.

(2) *Theander*, l'Homme-Dieu, le Christ.

(3) *Cæspitanti*, plus habituellement *Cespitare*, donné par Du Cange, dans le sens de *trébucher*.

II.

(1) Le texte donne *Excollere*, doublement défectueux, latinité et quantité.

(2) La Bibliothèque est encore dans le même bâtiment, attenant à la Cathédrale, d'où l'on peut y monter par le bel escalier placé à l'un des angles du transept Nord.

(3) François de Harlay, l'un des donateurs, en 1633.

(4) Pierre Acarie, chanoine et pénitencier, qui a réorganisé la Bibliothèque du Chapitre, en lui donnant tous ses livres, 16 août 1632. C'est par respect que Linant le place après l'archevêque Harlay; la vérité historique voudrait qu'il fût avant lui.

(5) Barthélemy Hallé, archidiacre d'Eu, donateur en 1637. « Les « livres de M. Hallé sont encore nombreux dans nos bibliothèques; « on les reconnaît à ses deux initiales BH entrelacées. » M. l'abbé Langlois a placé cette phrase après la citation des deux vers et demi qui le concernent *Recherches sur les Bibliothèques*, etc., p. 33.

(6) Gilles Hallé, sieur d'Orgeville, président au Parlement de Rouen, en 1674.

(7) *Çudo, onis,* proprement casque de cuir. Il signifie ici *le Bonnet à mortier* des Présidents.

(8) Sous cette périphrase se cache le traitement annuel des 200 fr. assignés par De La Fosse au *Commis* de la Bibliothèque.

(9) *Divū* pour *Divûm,* contraction de *Divorum.*

(10) Un point mis après *laudes* a été supprimé.

(11) On voyait, placés sur le haut des armoires de la Bibliothèque, les portraits des principaux donateurs, avec une inscription latine qu'on peut lire dans la *Notice des Manuscrits* de l'abbé Saas, pages 105-116.

III.

(1) C'est le début de l'ode d'Horace à Calliope, liv. III, 4.

(2) Des Manuscrits offrent quelquefois ainsi une grande lettre après un point et virgule.

(3) Le détail que les sons de l'orgue de la Cathédrale arrivaient jusqu'à cette demeure nous donne à penser qu'elle était dans la cour de l'Albane.

(4) Ce fut le 25 juin 1683, comme on le voit dans la *Relation des désordres arrivés en la ville et faubourgs de Rouen,* publiée pour la Société des Bibliophiles normands, par M. Léon de Duranville, 1871.

(5) Charles Ferrare, sieur du Tot, conseiller au Parlement de Rouen en 1651. Nous avons publié de lui deux Inscriptions, *Sur le Rétablissement de l'Orgue et du Jubé,* dans les Miscellanées de la Société, sans savoir que du Tot en fût l'auteur et sans connaître le nom de « *Prose quarrée* », qu'on leur donnait au xviie siècle. Comme elles sont loin de justifier, du moins à nos yeux, les pompeux éloges de Linant, il faut que du Tot ait publié d'autres pièces pour mériter le nom de « fils d'Apollon, capable de donner l'immortalité aux sujets « qu'il traite. »

(6) Glossaire bien nécessaire, sans lequel certains vers seraient un pur grimoire, les mots latins y étant pris dans un sens si éloigné de leur sens habituel.

(7) De cette note nous tirons la même conclusion que plus haut; Du Tot a dû composer un travail plus complet et plus poétique que celui des deux Inscriptions ci-après pour mériter l'éloge répété ici par Linant.

2° INSCRIPTIONS.

I.

(1) On voit que cette Inscription ne forme qu'une seule phrase, dont la disposition est à peu près quadrangulaire, suivant l'une des exigences probables de la *Prose quarrée*.

(2) Une intention manifeste se cache dans la disposition de chacun des mots de ces deux lignes.

(3) Pour *Posuerunt*. Les chanoines ont mis la III° Inscription.

(4) L'acte de donation avait été fait devant les Notaires de Rouen, le 26 février 1681, comme nous l'apprend l'Inscription III.

II.

(1) On remarquera que, *Sur le Rétablissement de l'Orgue et du Jubé*, publication de notre Société des Bibliophiles, l'auteur avait également donné deux Inscriptions, comme ici et dans la même forme. Voir la 12° Miscellanée, pages 1 et 5.

III.

(1) « Le Chanoine De La Fosse avait augmenté et enrichi la Biblio-
« thèque, en y donnant grand nombre de bons Livres dont le prix se
« monte bien en tout à trois ou quatre mille livres, » disait, en 1686,
son contemporain, Dom Pommeraye. Voir l'article *De la Bibliothèque de la Cathédrale*, dans son Histoire de la Cathédrale, etc., (pages 163-168.)

Ces livres portaient un *Ex-Libris*, dont voici la description, d'après celui que nous a confié M. Lormier. Un écusson est encadré entre deux palmes, et surmonté d'un Reliquaire. Le centre de l'écusson offre une Croix en tête; deux Étoiles un peu plus bas; sous la Croix un Cœur entre les deux Étoiles; enfin, sous le Cœur, un Croissant. Au bas de la gravure, on lit, dans un cartouche :

> Bibliothecæ S.^{tæ} Rothom. Ecc.^æ,
> Dono dedit Franc. De la Fosse pbēr.
> Sac. Thegiæ Doctor, eiusdem Ecc^æ.
> Canonic. Ecclistes Et
> Poenitentiarius.
> I. Toust.

Ce sont les termes mêmes de l'Inscription, avec le nom du même graveur. *Jean Touslain.*

(2) Il faut entendre la personne désignée par le fondateur lui-même, c'est-à-dire « le Commis sous le bon plaisir desdits sieurs du Cha-« pitre qui le choisiront. » (Dom Pommeraye, *ibid*, p. 167.); puis le chanoine désigné pour être le surintendant de la Bibliothèque capitulaire.

(3) *Indiclum* paraît être l'*Acte* passé devant les Notaires de Rouen, et *Pactum* la *Convention* passée entre le Chapitre et les Fabriciens, au sujet du traitement à payer au Commis de la Bibliothèque.

(4) Ce passage de l'Inscription offre la petite différence déjà signalée plus haut (p. 5). Ici, c'est « le vénérable Chapitre qui, ayant « on ne peut plus mérité de la République des Lettres, a pris sur lui « de payer la pension annuelle du Commis, à même du revenu de la « Fabrique. » Chez l'historien de la Cathédrale, « Messieurs de la « Fabrique se sont chargez de payer annuellement la dite somme de « deux cents livres à celui dont le Chapitre aura fait choix. » (*Ibid.*, p. 167.)

(5) Le mot *Primus*, supprimé par l'abbé Saas, offrait une répétition qui ajoutait au mérite de l'Inscription.

(6) De là est tirée la citation de M. l'abbé Langlois, dans le paragraphe de ses RECHERCHES, etc., consacré à François De La Fosse. (Page 34 de l'*Extrait*.)

Rouen.— Imp. H. Boissel.

LETTRES

DE DEUX PAYSANS NORMANDS

SUR

LA GUERRE DE LA SUCCESSION D'ESPAGNE

PIÈCES INÉDITES EN LANGAGE PURIN

PUBLIÉES PAR

J. FÉLIX

ROUEN

IMPRIMERIE DE HENRY BOISSEL

M.D.CCC.LXXXI.

En reconnaissant le prince de Galles comme successeur
de Jacques II à la couronne d'Angleterre et surtout
en acceptant pour son petit fils le trône d'Espagne,
Louis XIV renonçait aux avantages que, trois ans à
peine auparavant, la paix de Ryswick avait conférés à
ses sujets épuisés. La guerre, terminée en 1697, avait
laissé dans le royaume et particulièrement en Normandie des traces trop durables pour que son retour ne fût
point redouté comme la plus cruelle calamité par les
populations agricoles et commerçantes de cette province
appauvrie. Elle n'avait pu si vite oublier la suspension
complète de son négoce, le poids des impôts qui l'écra-
saient et c'était avec un regret douloureux qu'on se
racontait les épisodes navrants qui avaient accompagné
la ruine d'un des ports les plus riches naguères du litto-
ral, Dieppe, que le courage de ses bourgeois n'avait pu
préserver d'un désastre irréparable et qui avait vu se
joindre aux horreurs d'un bombardement opéré sans

pitié par la flotte anglaise le crime d'un pillage pratiqué sur ses habitants par les Miliciens chargés de leur défense.

Ces pénibles souvenirs auxquels les hostilités recommencées en 1700 rendaient une vie nouvelle se traduisent avec une saisissante vérité dans les deux pièces, dont une communication bienveillante de notre vénéré confrère, M. le marquis de Blosseville, nous permet la publication. Grâce à sa libéralité, la copie que l'avocat rouennais, Auguste Le Chevalier en a faite au xviii* siècle les transmettra à la curiosité de notre génération : elles réunissent à ses yeux un double intérêt qu'une étude approfondie, entreprise par de plus compétents, mettrait en lumière par des développements utiles à la littérature et à l'histoire locales, mais que par ce motif même je dois me borner à indiquer.

Il est vraisemblable d'une part, que la hardiesse des appréciations contenues dans ces écrits en a empêché l'impression et que, demeurés inédits, restant, à la faveur du langage familier qu'ils affectent, ignorés ou incompris par ceux qui auraient été tentés d'en rechercher ou d'en punir les auteurs, ils ont circulé de maison en maison dans une région où leur vive allure, leur forme narquoise, autant que le ton piquant du patois dans lequel ils sont composés, augmentaient la durée de leur vogue et leur assuraient un succès fortifié par le mystère même dont ils s'enveloppaient. Dès 1649, au début du règne, les mazarinades (voir notamment : *les Maltotiers ou les Pesqueux en yau trouble*) avaient donné l'exemple et, vingt ans plus tard, la réapparition de cet emploi du style *purinique* favorisait une opposition discrète, mais réelle au pouvoir absolu du grand Roi et substituait la critique du bon sens et les protestations populaires à la louange officielle des grands, qui devenait suspecte dès qu'elle n'était plus excessive. Cette tendance ne constitue pas un des traits les moins saillants qu'on puisse relever dans les vers peu poétiques, il faut l'avouer, dont nous offrons la lecture à la Société des Bibliophiles Normands.

Leur découverte nous impose une seconde constatation : elle atteste en effet la persistance ininterrompue de ce procédé littéraire dont la vulgarité cherchée s'adapte si bien aux audaces, prudemment voilées, du pamphlet et de la satire. Ce pastiche des conversations tenues dans les carrefours de nos villes, cette reproduction calquée des locutions usitées dans les villages et les faubourgs, aux champs et dans les ateliers, ce jargon du paysan et de l'ouvrier dont la naïveté imagée s'enrichit de la malice des dictons et des proverbes conservés par la tradition se perpétuent au cours des différentes époques de l'histoire de la Normandie. Leur existence signalée

par M. Alph, Chassant dans deux poëmes du xiv° siècle,
l'Advocacie Notre-Dame et la Chapelle du château de
Bayeux qu'il a tirés de leur obscurité se manifeste de
nouveau en 1658 dans les vers de Louis Petit, dont nous
devons encore la connaissance aux recherches conscien-
cieuses de ce laborieux érudit. (La muse normande de
Louis Petit. — Rouen. — Le Brument. — 1853). L'abbé
Goujet, d'ailleurs (Bibl. françoise.—t. xviii°) n'avait-il
point, avec une remarquable intuition, pressenti cette
tendance du poëte rouennais, dont le meilleur titre à
l'attention de la postérité est l'amitié dont P. Corneille
l'honora, en le désignant comme le collaborateur de David
Ferrand qui avait fait paraître sa Muse Normande dès
1655 ? Le siècle suivant vit se continuer l'usage de la
langue à laquelle ce dernier ouvrage avait initié les
classes lettrées et dans les archives de l'Académie de
Rouen, qui n'ont pas plus de secrets pour M. de Beaurepaire que celles dont il a la garde, notre confrère a eu
l'obligeance de retrouver pour nous un joyeux remerciment adressé sous cette forme triviale par Dambour-
ney à une dame qui lui avait envoyé une volaille et des
poissons à l'occasion du renouvellement de l'année.
Cette pièce leste et pimpante de ton, écrite en 1758 avec
une facilité qui, en dépit de quelques détails un peu
libres, ne manque pas d'agrément, n'est-elle pas un ar-

gumant en faveur de l'opinion qui attribue au célèbre chimiste la paternité du Coup d'œil purin, ce célèbre pamphlet, éclos vers 1770 et qui porta de si rudes coups au conseil supérieur par lequel Maupeou avait essayé de remplacer le Parlement de Normandie ?

N'en ai-je point dit assez pour justifier la publication des lettres rimées, dont je crains par ces lignes d'avoir presque égalé la longueur, et n'est-il pas grand temps qu'après une digression, à laquelle on pourra reprocher des prétentions littéraires, historiques ou philologiques, la préface cède le pas à la correspondance qu'elle annonce et qui peut-être aura seule les honneurs de la lecture ?

J. F.

LETTRE d'un Paiſan de Caux à ſon fieux
Nicodéme, purin à Roüen, ſur les affaires
du temps.

Des nouvelles, m'en fieux, je n'en sçai point de bónes;
J'ai biau le demander à biaucoup de personnes,
Y court de vilains brits, n'o dit pour assurai
Qu'il y éra biantôt forçe canon tirai :
N'o léve à nos hamiaux des gens pour la melice,
Ché garchons dans les cans se sauvent par malice,
Ils ont pû d'être prins : ils ont morgué raison,
Y vaut bian mieux ytout rester à sa maison
Que d'aller sottement bian louant faire la guerre
Où d'un coup de fusil nos est jetté par terre.
Nos erme des vaissiaux à Brest et à Toulon
Et j'avons mauvais tems pus que je n'en voulon.
N'o dit que les Anglouas ont une grosse flotte,
Que n'o les vait déjà rauder à va nô côtes :
Ché grands animals là no font bien du tracas
Et chacun par avance enlève s'en fracas,
Morguenne itout de su prince d'Orange!
Eut-il pendant dix ans s'en grand nés dans la fange!

2

Que j'aurois de chagrin dans mon pauvre cerviau
S'il nos alloit venir bombarder de nouviau (1).
Je ne vions icy que peine et que misères ;
No no va ramener ces diables de galères ;
Je no passerion bian de to ces garnimens,
Che sont tous tant qu'ils sont des causeux de tourmens ;
Tous ché gambes de bois, ché soudars invalides (2),
O lieu de no garder, no volent et no lapident.
Cha me fait enrager, j'en crève dans ma piau,
Et morgué pour le Roi cha n'est ni bian ni biau.
Nos eût dit en voiant s'en p'tit fieux roi d'Espagne
Que j'allions vair icy un pais de Cocagne :
J'on un bel elmonac avec une canchon
Qui promettoit déjà du plaisir à foison ;
Courage, me zéfans, menons réjouissance,
Disoit su gros Mathieu, ayons bonne espérance.
Déjà Thomas Massif avoit tué le viau gras,
Je devions à l'envi faire de bons repas,
No ne pâloit déjà que de jeux et de danches,
Tous ché jeunes garchons apprenoient la cadenche ;
J'avions déjà tretous chanté l'alleluya.
Mais en est-on pu gras, pisque gras il y a ?

(1) La ville de Dieppe avoit été bombardée et brûlée lors de la dernière guerre.

(2) Le Roi confie ordinairement aux invalides la garde du Hâvre et des côtes voisines.

Le sel en est pu cher, n'o rehauche la taille
Et n'o boutra biantôt de zimpôt sur la paille.
J'on déjà trouas soudars dans notre poure hotel
Qui nous aualent tout jusqu'au dernier morcel;
La taxe a redoublé comm' si j'avion deux tettes (1).
Vla ch'que chest, comm' no dit, d'avoir oté les fettes (2) ;
Chest l'Archevêque itout qui cause ces mas là :
Que l'y ont il fait à ly? que ne les laiss' ty là?
De quoy se mèle ty? est-ce là se n'affaire?
No n'abatra jamais la fête de son père (3).
Maugré tant de malhus, Dieu soit béni pourtant !
J'érons peut-être pas toujours si mauvais tems ;
Depis pu de six mois j'ai roubliai d'écrire :
Pour toi, m'en propre fieux, prens toujours soin de vivre :
Qui pus s'en boutte en paine est morgué le pu sot;
Tétai ; j'irai te voir biantôt avec Piarrot.

(1) Le Roi, qui avoit juré de ne jamais rétablir la capitation, la fit néanmoins par la déclaration du 12 mars 1701, et elle fut bien plus onéreuse qu'elle ne l'avoit été lors de la dernière guerre.

(2) La superstition aiant extrêmement multiplié les fettes, Mgr l'archevêque en retrancha fort sagement un certain nombre dans son diocèse, ce qui fut regardé par la folle populace côme une entreprise sacrilége.

(3) Il étoit fils de Mr Colbert, ministre d'Etat.

*RÉPONCE du fieux, compagnon purin,
à fon père, Mathurin Caroli, paifan
de Caux.*

Quand j'ai rechu l'écrit quo mavez enviai,
J'étois campé tout drait à ste crouas de pierre (1)
Avec chinq bons vivans qui m'ont tretous juré
Que pâliais côme il fast de ste prochaine guerre.
Entr'autres gros Lubin disoit, parlant à mai,
Que ton père a d'esprit ! côme dieble y caquette !
Je mi connois un ptiot : faut qu'il ait étudié,
Il jaze morgué mieux que ne fait la gazette.
No l'auoit bian dit qu'il y érait du cheuteuil ;
Car quand j'étions ensemble à lire su libelle,
M'en compère Tousseint s'en vint la larme à l'œil :
Ecoutez, me zéfans, c'hest bien d'autres nouuelles !
Queu malhu, cha-t-il fait, j'ai le cœur tout outrai,
Nos en vient d'écherper plus de cinq ou six mille ;
C'est fait de nous tretous si Dieu n'en a pitiai,
Je pouuons bien songer à trousser nos guenilles ;

(1) C'est le lieu où tous les purins de la ville s'assemblent.

Mais, men père, entre nous, no vla pas mal chanceux ;
Chest pour su ptit d'Anjou qu'on est si ménajai ;
Ces grands diebles d'Allemands ne sont-ils point honteux
D'aticher un éfant pour l'y oter s'nhéritage :
Zest ! ils ont biau gîter, chest tout dret pour leur nais ;
Vraiment chest un éfant ; mais il ne les craint guère ;
Jernidienne ils verront si chest quelque benais
Que s'en grand, notre Roi, qui veut plaider s'tafaire.
Mais en parlant de li vous mordez en capon ;
Je ne sçai ma foi pas où votre esprit s'amuse ;
No pouroit bien itout vo loger dans ste muse.
Su bon Roi que Dieu gard n'a-t-il pas bian raison
D'empêcher s't Empereur qui fait tant le bravache ;
Il voudrait quasiment venir dans sa maison,
Jusque sur son pallier l'y rel'ver la moustache ;
Je connois stoisiau là, je sçai bian cheu qu'chen est,
Si no le laissoit faire il l'y viandroit tout prendre,
Il l'y quiroit pardienne à la fin sur le nais ;
Et je souffririons cha ! nennin, faut le deffendre.
S't Empereur est bian fort, il a biaucoup de gens,
Nos a dit men cousin, il a de bonnes villes ;
Ste guerre, me zamis, tardera bian dix ans.
Tétai, lui fis-je, hableux ; quand y seroient chent mille,
Que nous f'ront-ils à nos dans tout su païs là ?
Je veux qu'au premier jour tous nos gens les embroque.
Monsieur de Catinat, est-ce un quien que st'homm' là ?

Comme diantre il leur fra dégringaler les roques !
Pour su prince d'Orange, il faut noz en défier,
C'est un rusé matois et qui a bian la mine
De no joüer encor un tour de son métier,
O bien de no bailler un retour de matine :
Dans ste dernière guerre il no za bien montré
Auec s'nesprit songeard qu'il en sçavoit plus d'une,
Et quand il fait semblant de donner s'namitié
Il songe à nous seruir comme à prendre la lune ;
Je gagerois morguienne que no ly frit de zœufs,
Qu'il rit sous s'en capel en veiant tout su trouble ;
Pour pêquer en yau troubl' chest un maître pêqueux,
Il en era sa part sans qu'il ly en coute un double.
Enfin je vo dirai que l'commerce est rompu :
Les marchands de ste bourse y n'ont pu de pécune ;
Lya bian du rabat joie et je ne filons pu ;
Tous ches meilleurs viuans en sont tous cambrelune :
Je m'en aperchais bian, j'en enrage mordi ;
Je sis turlubrelu, j'en deviens tout étique,
Je n'ai pu de poustin pour faire m'en lundi
Et no pâle déjà de fermer la boutique :
M'en père, adieu, je me r'commende à vous ;
Cheux nous durant la guerr' ne vo boutés en paine.
Mes baise mains à Jean, à su Piarrot itout :
Pour mai je vos attends au bout de la semaine.

TRANSLATION

DANS L'ÉGLISE SAINT-MACLOU DE ROUEN,

DES RELIQUES DE SAINT VERECOND,

Le 31 août 1738,

PRÉCÉDÉE D'UNE INTRODUCTION

PAR

CH. LEGROS

ROUEN

IMPRIMERIE DE HENRY BOISSEL

M·DCCC.LXXX

INTRODUCTION.

La translation à Rouen, dans l'église Saint-Maclou, des reliques de saint Verecond nous est en quelque sorte révélée par l'"imprimé que nous rééditons aujourd'hui.

La pièce contenant la relation de cette cérémonie est un placard, de format in-octavo, comme il s'en distribuait alors, et comme il s'en publie encore de nos jours, pour annoncer les faits, les événements de la ville capables d'intéresser ses habitants.

Malgré cette publicité certainement faite à grand nombre, le placard réimprimé par la Société est devenu à peu près introuvable ; l'intéressante cérémonie elle-même à laquelle il se rapporte est maintenant un fait oublié, et il n'en apparaît aucune trace dans l'église qui eut le privilége de recevoir, le 31 août 1738, le corps du saint martyr.

Nous ne pouvions croire qu'il ne restât rien d'un corps entier, déposé dans une châsse qui ne mesurait pas moins, dit le *Flambeau astronomique* de 1739, de cinq pieds de long et deux de large, pour la réception duquel des travaux importants avaient été exécutés à l'église Saint-Maclou, et que le clergé tout entier de la ville, précédé de tambours, trompettes, fifres et étendards, était allé chercher processionnellement à Saint-Michel où il avait été provisoirement déposé.

Nos recherches cependant pour arriver à retrouver une partie quelque minime qu'elle fût, des reliques de saint Verecond n'ont amené aucun résultat satisfaisant. Aujourd'hui le clergé de la paroisse ne sait rien de ce fait important, et si l'on peut croire que la révolution de 1789, à laquelle il faut s'en prendre de cet état des choses, n'a pas tout détruit, c'est seulement en lisant le passage suivant de l'Histoire de l'église et de la paroisse de saint Maclou, par l'abbé Ouin Lacroix; parlant du chœur de l'église, l'historien dit : « L'autel de bois sculpté à jour, en forme de tombeau antique, *contient quelques reliques de saints divers.* »

Les renseignements sur la vie du Saint font également défaut : aucun martyrologe n'en parle. Le corps donné à l'église, ou plutôt à la paroisse de Saint-Maclou, reposait à Rome, dans le cimetière de Calixte, ayant auprès de lui une fiole de son sang, indice du martyr qu'il endura pour la foi chrétienne. Le nom de Verecond qui lui fut attribué rappelle la sagesse, la modestie dans lesquelles vécut le saint martyr. — C'est un usage adopté par l'Eglise de donner aux corps des martyrs dont elle ignore le nom une dénomination nouvelle indiquant, comme cela eut lieu pour saint Verecond, les vertus privées qui durent susciter les rigueurs païennes.

A ces quelques notes se bornent les renseignements qu'il nous a été possible de recueillir sur le sujet qui nous occupe.

Afin d'augmenter l'intérêt de cette publication, nous insérons en appendice, après la pièce relative à la *Translation*, le récit de la cérémonie donné par le *Flambeau astronomique* de 1739. Il se trouve là quelques indications complétant ce qu'il peut paraître curieux de savoir sur cette page de notre histoire locale. Nous publions également, à la suite de la relation du *Flambeau astronomique*, un extrait contenant deux délibérations de la fabrique de la paroisse Saint-Maclou, des 27 août et 11 septembre 1738. Ces documents témoignent évidemment du soin particulier que le clergé et l'administration de la paroisse mirent à recevoir dignement l'hôte précieux que l'Eglise plaçait sous la sauvegarde de leur piété.

TRANSLATION

DE

S. VERECOND

MARTYR,

QUI se fera en l'Eglise Paroiſſialle de Saint Maclou de Roüen, le Dimanche 31. d'Aouſt 1738. avec l'ordre de la marche.

MOnſeigneur l'Abbé, Duc de Bervik, Filz-James, Pair de France, Abbé de Saint Victor de Paris, & Grand Vicaire de Monſeigneur l'Archevêque de Roüen, étant allé l'année derniere viſiter les Tombeaux des Saints Apôtres à Rome, demanda à Nôtre Saint Pere le Pape Clement XII. apreſent régnant, qu'il lui plût de lui donner le corps d'un Saint Martyr, dont il deſiroit faire preſent à Monſieur le Curé & à la Paroiſſe de Saint Maclou de Roüen, pour y être expoſé à la vénération des Fidéles; Nôtre Saint Pere le Pape ſe rendant aux Priéres de cet illuſtre Abbé, fit tirer du Cimetiére, dit de Caliſte, le corps entier du Bien-heureux Martyr Saint Verecond, lequel a répandu ſon ſang pour la Foi de Jeſus-Chriſt dans les perſécutions des Empereurs Payens, comme il eft prouvé par l'infcription qu'on a trouvée dans fon Tombeau, avec la Phiole de fon Sang, fuivant les Lettres autentiques que Nôtre Saint Pere en a données audit Seigneur Abbé de Filz-James, avec le cofps dudit Saint qui a été vérifié par Meffieurs les Grands Vicaires de Monfeigneur l'Archevêque de Roüen.

La Tranflation de cette précieufe Relique fe fera Dimanche prochain 31. du prefent mois d'Aouft, par une Proceffion folemnelle qui partira aprés Vêpres de l'Eglife de Saint Michel, & paffera par la Poiffonnerie, le Vieil Marché, les Ruës du gros Horloge, des Carmes, de l'Oratoire & de Lamiétte; & fe rendra á S. Maclou, où l'on dira un falut avec la Bénédiction du S. Sacrement.

Pendant l'Octave il y aura tous les jours en l'Eglife de Saint Maclou une Meffe Solemnelle, & les Vêpres chantées par le Clergé de différentes Paroiffes qui font invitées à cet effet, & tous les foirs à fix heures Exhortation, le Salut & la Bénédiction du Saint Sacrement.

℣. *Le jufte fleurira comme le Palmier, & fe multipliera comme les Cedres du Liban.*

ORAISON.

S Eigneur, jettez un regard de compaffion fur nôtre foibleffe, & par l'interceffion du Bienheureux Martyr Saint Verecond, daignez nous accorder la grace de confeffer courageufement vôtre Saint nom devant les hommes pendant cette vie, afin que nous participions à la gloire dont vos Saints joüiffent dans le Ciel, nous vous en conjurons par Nôtre Seigneur Jefus-Chrift.

Priez pour la converfion des Pecheurs.

APPÉNDICE.

I.

Extrait du Flambeau astronomique de 1739,
(pages 258-259.)

Le Dimanche 31 Août 1738. on fit à Roüen la Tranflation du Corps
de S. Vérécond Martyr, aporté de Rome par M, l'Abbé de Fitfjames
de Berwik, à qui le Pape régnant Benoît XII. l'avoit donné.

Là nuit précédente on l'avoit dépofé en l'Eglife Paroiffiale de S.
Michel; où la plûpart du Clergé des Paroiffes de la Ville f'affembla à
quatre heures après midi : la Paroiffe de S. Maclou, à qui ce Dépôt
avoit été donné par M. de Fitfjames, vint en corps fe rendre en ladite
Paroiffe de S. Michel; tout partit Proceffionnellement, avec un apareil
& un ordre des plus fomptueux, Tambours, Trompettes, Fifres,
Etendars; prefque tous les Curez de la Ville & des Fauxbourgs y
affifterent; M. l'Abbé de Teriffe, un des Vicaires Généraux, officioit en
cette Cérémonie, grand nombre d'Eccléfiaftiques portoient des Palmes,
d'autres des Torches de cire blanche, la Chaffe ou étoit le Corps du
S. Martyr, étoit portée par huit Eccléfiaftiques; elle a cinq piéds de
long & deux de large; nombre de perfonnes marchoient derriere deux
à deux, portant des Cierges ardens en leur main. La Proceffion
ayant été abregée à caufe de la pluye, elle fut le long de la Poiffonnerie, paffant par-devant le grand Portail de S. Sauveur, par le bas de
la ruë Cauchoife, le long de la ruë de la Groffe-Horloge, par la ruë des
Carmes & la ruë S. Nicolas : étant arrivez à S. Maclou, le Corps du
S. Martyr fut pofé au milieu du Chœur, on chanta le Salut. Pendant
toute l'Octave il y eut Office folemnel par les Paroiffes de la Ville,
dont l'une officioit le matin & une autre l'après midi, avec Sermon
chaque jour.

II.

Extrait du Regiſtre des délibérations de la fabrique de la paroiſſe Saint-Maclou de Rouen.

Du Mercredy vingt ſept d'Aouſt mil ſept cent trente huit, en l'aſſemblée de Meſſieurs les doyen, curé & tréſoriers de l'eglife de la dite paroiſſe de St Maclou, convoquée en la manière ordinaire & tenüe au lieu accoutumé, à dix heures de matin, Monſieur le doyen curé ayant repréſenté que notre Saint Pere le pape Clément douze, actuellement régnant, ſuivant les bulles données à Rome le vingt ſept de ſeptembre mil ſept cent trente ſept, auroit defféré & fait préſent à très-haut & très-puiſſant Seigneur Monſeigneur François Duc de Fitz James, Pair de France, abbé de Saint-Victor de Paris & vicaire général de Monſeigneur l'archevefque de Rouen, du corps entier de Saint Verecond, martyr, avec une fiolle de ſon ſang & le *Pro Chriſto*, ſigne de ſon martyre, dont du tout mon d. Seigneur Duc de Fitz James auroit fait préſent à mon d. ſieur doyen curé de Saint-Maclou, lequel de ſa part a déclaré à la compagnie qu'il en fait préſent à cette églife de Saint-, Maclou, en invitant la compagnie d'aſſiſter à la cérémonie & ſolennité de la tranſlation des dites reliques, qui ſe fera dimanche prochain, trente un de ce mois & autres jours ſuivants ; copie collationnée deſquelles bulles, enſemble des procès-verbaux & actes faits en conféquence, à l'occaſion des dites reliques, repreſentée par mon dit ſieur le doyer curé, a eſté à l'inſtant miſe dans le chartrier de cette fabrique, les originaux demeurant dans la châſſe des dites reliques.

La compagnie a remercié mon dit ſieur le doyen curé du préſent qu'il veut bien faire à cette églife des dites reliques de Saint Verecond martyr.

Suivent les ſignatures :

Petit de Captot, Baudouin de Gonſeville, I. Maubert, P. Leconte père, Pierre Delarue, Pezier laisné, Nicolas Vauſſier, N˙˙ Tabur, Jean Buquet.

DU JEUDY unſe de ſeptembre mil ſept cent trente huit, en l'aſſemblée de Meſſieurs les doyen curé & tréſoriers de l'Eglife de la dite paroiſſe de Saint-Maclou, convoquée en la manière ordinaire & tenûe, au lieu accoutumé à onſe heures de matin.

Monſieur le doyen curé repréſente que la cérémonie de la tranſlation du corps de St Verecon ſ'eſtant paſſée avec toute la piété, décence & pompe poſſible, il conviendroit maintenant placer la châſſe où eſt contenu le précieux dépoſt dans un endroit décent, comme de faire conſtruire un autel en forme de tombeau où feroit placée la dite relique, ainſy qu'il ſe pratique dans les églifes les plus conſidérables, & même de Rome, dépenſe ailleurs que la compagnie auroit déterminé de faire juſqu'à concurrence de ſix mil livres, vû la néceſſité de travailler au ſanctuaire & marches de l'autel preſques impraticables ſuivant pluſieurs délibérations & particulièrement par celles des 22 aouſt 1728. 12 avril 1733. 14 aouſt, 28 novembre 1734 & 21 octobre 1736, & que Monſeigneur l'archevefque auroit approuvé en faifant ſa dernière viſite du 29 avril 1737, cependant depuis ce temps rien n'a eſté effectué, mais Mr le curé ſentant l'impoſſibilité où eſt actuellement la fabrique de pouvoir faire la dépenſe à ce convenable, déclare qu'il veut bien faire faire le ſanctuaire avec des marches, le tout de marbre, & un autel en forme de tombeau de bois de chêne doré, conforme au deſſin approuvé par Mr Cartaud, architecte du Roy, que mon d. ſieur le curé ſe préſente pour eſtre paraphé par quelqu'uns de Meſſieurs de la compagnie, par ce que néantmoins le nombre des marches du ſanctuaire ne pourra eſtre déterminé que lorſqu'il fera travailler eu égard à la ſituation du lieu, parce qu'auſſy il feroit à propos de pratiquer deux ouvertures collatéralles au hault du chœur, ainſy qu'elles ont éſté cy-devant & comme cela eſt dans toutes les églifes, ce que le d. ſieur Cartaud luy a marqué eſtre néceſſaire, par pluſieurs lettres, ſans quoy l'on feroit toujours dans l'incommodité, où l'on a eſté juſqu'à préſent par le deffaut d'ouvertures abſolument utiles pour la ſolennité des offices de cette églife dans certaines cérémonies extraordinaires, leſquelles ouvertures, ainſy que le ſanctuaire & marches de marbre & autel en forme de tombeau de bois de chêne, mon dit ſieur le curé offre de faire faire ſans en rien demander ou exiger au Tréfor & fabrique de cette églife.

La Compagnie, après avoir délibéré, en remerciant unanimement

Monfieur le curé du précieux préfent qui a bien voulu faire à cette
églife, du corps de St Verecond, martyr, & des marques du zèle qu'il
donne à la fabrique par la dépenfe qu'il a faite à l'occafion de la tranflation de fainte Relique & par celle qu'il offre de faire, à laquelle la
Compagnie voudroit que la fabrique fût en état de fatisfaire pour
l'éviter à mon dit fieur curé. Et après que le dit deffein a été paraphé
par Meffieurs de Gonfeville, Lecomte père, Brémontier & Vauffier, a
efté arrefté, en acceptant les offres & avantages de mon dit fieur curé,
qu'il fera faire, f'il luy plaift, le fanctuaire & le tombeau en conformité du dit deffein. Plus a efté autorifé de faire faire les ouvertures
collatéralles au haut du chœur, comme elles ont efté cy-devant, en faifant retirer les ftalles qu'il conviendra, defquelles fera fait ufage ou
difpofé au proffit de cette fabrique, parce qu'en faifant les dits ouvrages mon dit fieur le curé ne pourra faire toucher à aucuns pilliers
ny à la vente fous quelque prétexte que ce puiffe eftre, dans que mon
dit fieur curé puiffe rien demander ou exiger à cette fabrique, au moyen
de laquelle dépenfe mon dit fieur curé difpofera des marches de lierre
qui font actuellement au bas du fanctuaire, de même que de la con-
tretable, ainfy qu'il jugera à propos, eftant cependant prié de ne faire
démolir la contre table, que le marbre du fanctuaire, les marches &
le tombeau ne foient prefts à placer, le priant auffy de vouloir bien
continuer fes mêmes intentions & bonnes volontés pour le bien de
l'églife & de la fabrique, qui font les marques du véritable zèle d'un
pafteur.

    Suivent les fignatures :

Petit de Captot; P. Baudouin de Gonfeville, P. Leconte père, Brémontier, N. Tabur, Jean Buquet, Nicolas Vauffier, Pezier l'ainé, P.
Leconte.